エンディングノートの活用法

はじめに

あなたはエンディングノートを知っていますか。

最近、テレビやインターネット、新聞、雑誌などで時々見掛けるようになり、今話題の遺言の指南書とともに、静かなブームになっています。ただし、このエンディングノート、少し大きめの書店の「冠婚葬祭」コーナーにほんの数冊置いてあればいいほうで、自分に合ったこれ、というものはなかなか見つけるのが難しいのが現状です。

新聞の折り込み広告などの中に、「エンディングノートセミナー」というものを目にした方もいるかもしれません。数名の小規模なセミナーから数十名の規模までさまざまで、エンディングノートの解説からはじまり、項目の意味などを説明してもらえます。また、銀行や税理士事務所などで行われる税務相談で、相続として引き継ぐ資産の考え方や整理の入り口として、エンディングノートが無料で提供されることもあります。名称は少し違うようですが、このノートを活用することで、遺言書や税務のプロによる相談が必要かどうか、判断できるようになっています。霊園管理会社などが提供するエンディングノートは、寿陵《じゅりょう》といって、生きているうちに建てるお墓、生前墓を考えるきっかけ作りになっています。そして、葬儀社の提供するエンディングノートは、お葬式に対する考え方を書く構成になっており、まさにエンディングノートの名にふさわしいノートといえるかもしれません。

私がこのノートを新たに名付けるなら、「縁ing《エンイング》ノート」あるいは「幸せサブノート」としたいと考えています。本当は、ご家族に話さなければならないことや伝えておきたいこと、知ってもらいたいことがたくさんあるのに、何もせずにただ時間だけが流れている、なんてことはありませんか。エンディングノートなら、その作成を目的に、ご家族とさまざまな相談をすることができます。そうすることで、あなたとご家族にとって、大切な時間を取り戻せるのではないかと考えているのです。

この本は、あなたのエンディングノート作りをサポートさせていただきたいという願いを込めて、書かせていただきました。エンディングノートをご理解いただくための案内書として、そしてご家族とのきずなをより一層強め、いつまでも温かいご家族であり続けるための一助として、ぜひご一読ください。

目次

はじめに　2

第一章　エンディングノートを知る　7

エンディングノートとは？　8
エンディングノートの起こり

エンディングノートの中身とは？　12
自分の人生を整理する／わが家系のことを次の世代に伝える／家族に伝えておきたいことを書き残す

エンディングノートが生まれたわけ　20
暮らしから遠ざかる「死」／村のしきたりから葬儀社頼りに／自分らしいお葬式／すべて自分たちで決める／遺族の癒やしは何処《いずこ》へ？／コラム

第二章　エンディングノートのすすめ　33

死を見つめてみよう　34
人は葬儀をする生き物／心の癒やしがあった通夜／お葬式は不要か／生前にお葬式を考える／家族のお葬式より気が楽です／「生前葬儀」という発想

葬儀にまつわる悩み 48
妻だけにみとられたい／施設で亡くなる認知症患者／葬儀するなと言う父／社葬を拒む遺族／聞けなかった父の最後の言葉
エンディングノートだからできること 60
伝えたい内容が明確に／ポジティブに向き合える自分の「死」／家族のコミュニケーションツール／気掛かりが減っていく／コラム

第三章　エンディングノートを書く 71

作成にあたって 72
書くタイミング／書くときのコツ／ノートは手元に置く／ノートの話題で家族と話しましょう／定期的に読み返しましょう
お葬式のシミュレーション 84
じっくり検討できるのは今だけ／葬儀社の決め手は見積額か／生前予約は家族立ち会いで／家族を巻き込みましょう
おわりに 94

第一章

知る

エンディングノートを

エンディングノートとは？

人は誰もが、自分の家族の死など考えたくありません。たとえその家族が重病で、もう助からない状況だとしても、病気に打ち勝ってくれることを願うだけでしょう。家族が死ぬことを想像しただけで、不幸を予定してしまうようで、つらくやるせない気持ちになってしまいます。結果として誰も、家族が死ぬことなど事前に考えることはありません。たとえ医師から余命の宣告があったとしても、家族の死後のことを段取りよく考えるのはつらいものです。

では、自分の死を考えてみたときはどうでしょうか。家族の死とは逆に、自分がいなくなった後のことが、とたんに心配になってきます。この世に自分がいなくなったら家族はどうなるのだろう。自分にしか分からないこともあるし…などと心配は尽きません。きっと「死んでも死に切れません」なんて話になりそうです。

それが、家族に対する愛情というものです。

自分がいなくても家族が困らないように、お金のことやわが家のことを書き残しておきたい。自分がライフワークとして続けてきたことなどを家族に伝えておきたい。そんな思いで書かれた内容がもしあなたのいなくなった後に残されていたら、そこからあなたの愛情を感じ取った家族は、大きな安心と心の支えを得られるかもしれません。

さらに、あなたが考えておくことは、死後だけではありません。

人にはプライドもありますから、「人に迷惑を掛けることなく最期を迎えたい」。誰もがそう願っているに違いありません。「もし自分に介護が必要になったら」などと具体的に考えている方は、それをご家族に分かるように記しておく必要があります。

また、命は取り止めながらも、何らかの理由で、自分で明確な意思表示ができなくなったとしたら。寝たきりになった自分を前に、延命治療をするかどうか、家族にあなたの命の選択が迫られることも、決して起こり得ないことではないのです。

今、健康なときにならなら、自分でもしものときのことを考え、家族に伝えておくことができます。財産のこと、家のこと、介護のこと、延命治療のこと、大切なペットのこと、そして残してゆく大切な家族のことなどについて、自分の気持ちを事前に記しておくものがエンディングノートなのです。

エンディングノートの起こり

今まさに、エンディングノートは静かなブームとなっています。

中でも注目されているのは、「自分のお葬式をどのように行ってほしいか」「誰を葬儀に呼んでほしいか」など、故人の希望が組み込まれたお葬式を実現するためにエンディングノートを用いることです。会社では、経営者や要人が亡くなられた場合に備えて、リスクヘッジのひとつとして、あらかじめ社葬を計画することがあります。そこから発祥し、変化、充実してきたものが、今日の葬儀に関するエンディングノートだといえるでしょう。

ご自分が亡くなったとき、遺産をどうするか。そういったことはエンディングノートのお兄さん的存在である遺言書に任せておけばよいでしょう。こちらは、きちんとした手続きを踏むことで法的にも守られます。

エンディングノートは、遺言書などのように、財産やお金に対して効力があるわけではありません。財産に関しては目録のような役目を果たすまでのものです。ご自分の人生の中で作り上げてきたものや守ってきたものなど、家族に伝えておきたいことを有効に残すことができるものがエンディングノートなのです。

エンディング
ノート
財産目録，葬儀の希望
家族へのメッセージ
遺言書
相続人，遺産分割
法的効力がある
どっち？

エンディングノートの中身とは？

一般的に、エンディングノートはどのような項目で構成されているのかを見てみましょう。

【自分史】私の経歴、家族の知らない私のこと
【家系】家族に伝えておきたい家のこと
【医療】いざというときの医療に関すること
【介護】介護が必要になったときのこと
【財産】財産やお金に関すること
【葬送】お葬式のこと
【遺骨・遺志】葬儀後のこと
【メッセージ】大切な人へのラストラブレター

項目だけを見ると、とても幅広い内容を扱っているように見えますが、エンディングノートを作成する目的は大きく次の三つに分けられます。

自分の人生を整理する。
わが家系のことを次の世代に伝える。
家族に伝えておきたいことを書き残す。

エンディングノートは、こうした目的意識を明確に持って作成することが何より大事です。そうすることで、あなたの残したエンディングノートが、きちんと力を発揮できるようになるからです。

自分の人生を整理する

最初の目的は、人に伝えたい自分のことを整理することです。

人生はさまざまです。たとえ似たような境遇であったとしても、あなたが体験した出来事や感じてきたことは、唯一あなただけのものです。若かったころの悩みや、そのときに感じたこと。新しい家族ができて、同じものを見たり食べたりしたときの感動や喜び。家族と撮ったお気に入りの写真。こうしたものを一つ一つ思い出しながら、ご自分の人生を振り返り、どんなことがあったのかを思い出してみたり、そのときの感情を思い起こして整理していくのです。

アーティストなら、そうやって整理した自分の考えや世界観をアートとして表現する機会を持っています。しかし、彼らのように天賦の才能を持たない私たちだって、自分のことを人に伝える機会がほしくありませんか。それがエンディングノートです。

そして、自分が生涯を通じて成し遂げたこと、関わってきたこと、育んできた人間関係の完結編として披露することのできる場が「お葬式」です。

以前、ご自分のお葬式をプロデュースしたいと考えている方に出会ったことがあります。その方のお話を聞いているうちに、エンディングノートを残す目的と似ているなと思いました。

自分らしいお葬式を考える本当の目的とは、一体何なのでしょうか。

「人生の最後を誰かに任せるのは嫌だから」「自分らしい葬儀をしたいから」とお答えになることが多いですが、では本当に自分のためなのでしょうか。自分では、それが計画通りに行われたかどうかを確かめることすらできないのに。

おそらく、「自分の葬儀を自分でプロデュースすること」の根底には、葬儀の場を借りて自分を表現してみたい、ご家族や縁者に自分のことを伝えておきたい、残された者の心の中で生き続けたいという考えがあるのではないでしょうか。

このように、お葬式で何を表現したいかという考えをまとめるためにも、ご自分の人生をじっくりと振り返ることが必要になってきます。

わが家系のことを次の世代に伝える

二つ目の目的は、ご自分の血筋や家の宗教にまつわることなど、前の世代から受け継いだものを次の世代に伝えることです。

私たちは、自分たちのことを意外と知りません。亡くなった先祖についても、知っているようで知らないことが多いのではないでしょうか。

私の場合も、母の実家には大きな仏間があり、その部屋の壁の上のほうに、古い写真がたくさん飾られていました。かつて祖母に尋ねたときに、祖父や曽祖父だと説明してくれました。一方で、今の私の家には、五十一歳で他界した父の写真が仏壇の横に飾られてはいますが、父の父、つまり私にとって祖父の写真はありません。したがって、妻や子どもたちが私の祖父に興味を抱くことはなく、何となく話題に上ったこともありません。

家の情報についても、うまく伝承されていないことが多いようです。お葬式の打ち合わせでも遭遇するシーンですが、「菩提寺は何宗ですか」「家紋は何ですか」と質問したとき、その家のご主人さまでさえも「はっきりと分からない」と答えられたことが何度もあります。「お墓参りには行ったことがあるけれど、さて、何という菩提寺だったかな。何宗だったかな」などと、ご年配の方が困られているのをよくお見掛けします。菩提寺と住まいが物理的に遠ざかり、関係も希薄になった現代では、仕方のないことかもしれませんが。

私の経験から言うと、平成の初めごろまでは、故人の兄弟やおじ、おばなどの少しおせっかいな方々が、お葬式の打ち合わせをするときからご遺族の傍らに陣取っていました。あれやこれやと口を出しては、故人のことや寺のこと、地域のしきたりなどについて、いろいろ教えてくれていたように思います。今のように遺言の解説書が書店に並ぶようなブームを迎える前の話です。こうした人々の存在のおかげで、残されたご家族は救われてきました。

しかし現在は、葬儀の小規模化傾向が強まり、ご親戚にも列席をご遠慮いただくような場面も見掛けるようになりました。ましてや、ご親戚が葬儀の打ち合わせの場面に同席されることなど、ほぼなくなりました。

残されたご家族が、わが家系のことや家の情報について知るには、故人の残したエンディングノートを頼りにするしかなくなっているのです。

家族に伝えておきたいことを書き残す

三つ目の目的は、ご自分の健康状態や身辺のこと、そしてご家族へのメッセージなど、ご家族に伝えておきたいことを書き残すことです。

あなたについての客観的な事柄や考えがよく整理され、すべてが埋め尽くされたエンディングノートは、やがて、それを読む日が訪れたご家族一人一人の心の支えになるはずです。ご家族が介護や葬儀、その後の身辺整理など、さまざまな決断をするのを手伝うだけでなく、あなたと生前一緒に過ごした日々を思い出すのを助けたり、あなたのぬくもりを感じさせてくれ、あなたを失った悲しみを乗り越える力を与えてくれることでしょう。

昨今、葬儀の場面で、ご遺族が悩んだり困ったりすることが増えています。古くからのお葬式は、共同体のしきたりや寺の教えに従うことで、気が付けば終わっていました。しかし、現代のお葬式では互助精神が希薄になったばかりか、葬儀の考え方や行い方が多様化したために、ご遺族が選択しなければならない事柄が増えているのです。そのような流れの中で、「これで本当に良かったのか」「こういうお葬式を故人は願っていたのか」と、葬儀後のご遺族が悩むようになったといわれています。そんなときに、故人の考えを残したものがあれば、ご遺族は、いくらかは救われるのではないでしょうか。
　さらに、死よりも先に訪れるかもしれない老人性認知症など介護を必要とする状況にあなたが遭遇したときにも、エンディングノートは有効です。あなたの健康状態に関する記録はもとより、あなたがご家族を気遣って書かれたエンディングノートが、コミュニケーションを取る能力を失ったあなたに代わって、ご家族の支えになってくれるはずです。

point

エンディングノートの目的

○自分の人生を整理する
○わが家系のことを次の世代に伝える
○家族に伝えておきたいことを書き残す

エンディングノートが生まれたわけ

昨今は、自分のことをじっくり考えたり、その延長線上にある自分の家族のことについて話し合う機会が極端に減っている気がします。

家族が一緒になって囲み、一日の出来事について話していたちゃぶ台が消えるとともに、喜びを分かち合ったり、悩みを聞いたり悲しんだりする場所がなくなってしまいました。ご家族の食卓はダイニングテーブルに移動し、大人も子どももそれぞれの生活に忙しく、家族だんらんの主役は食卓の傍らにあるテレビが務めているような状況です。離れて暮らすご家族でも同じことがいえるでしょう。たまに集まっても、話題の中心は家族のことではなく、テレビ番組や、世間をにぎわす事件や事故のニュースになっていませんか。

かつては、病床のお年寄りと過ごす時間の中で、口伝えに家族についていろいろなことを聞く機会がありました。昔の家では、おじいさんがどんな人柄だったか、どんな活躍をした人だったか、遠い親戚にどんな人がいるかなどといった内容が、次の世代へ伝えられていました。それぞれが互いの人生に触れあっていた証拠だと思います。

もし、今の時代に口伝えの機会が失われているとしたら、ほかの手段で伝えていく必要があります。エンディングノートは、このような時代だからこそ生まれたのではないでしょうか。

暮らしから遠ざかる「死」

ドクターの往診がまだ普通に行われていた昭和の後半ごろまでは、老人介護施設などは今ほど一般的ではなく、人々は暮らしの中で生老病死を体験し、命の貴さを学んでいました。

お年寄りからはじまり、その子どもたちがそれぞれの伴侶を取り、子どもを育ててゆくというような、三世代から四世代が同居する大家族の中で、やんちゃな子どもたちは、働く親の代わりにお年寄りなどほかの大人に叱られながら人間関係を育んでいました。

子どもたちが成長していくにつれ、徐々にしわが増えていくおじいさんやおばあさん。やがて、元気だったお年寄りは、働き手に代わって家の留守番をするようになり、子どもたちの遊び相手になったり、おとぎ話の語り手になってくれたりしました。あの時代には、多くのおじいさん子、おばあさん子が存在していたものです。

その後、お年寄りは徐々に元気がなくなり、寝込みがちになります。子どもたちは、その枕元で遊びながら、家の中で「老い」を体感していました。寝込んだお年寄りのほうも、そうした元気な孫の姿を目を細めながら眺めて喜んでいました。

やがて食も細くなってくると、お年寄りの寝床は奥の間に移されます。そして、子どもたちが奥の間に近づくことさえ叱られるようになると、子どもながらに何かが起きようとしていると感じ取ることができました。お年寄りが水も求めなくなってきたころ、大人たちはいよいよ覚悟を決めます。そろそろだろう、と。このようにして、家族のみとりという行為は続けられてきたのです。

高度成長期を迎え、社会は大きく変化しました。新たな「生」は病院で産声を上げ、「病」は完全看護の名のもとで家族から切り離され、「老」いると施設で暮らすようになり、生命を授かった病院で「死」を迎える。生老病死のすべてが、暮らしから遠ざかってしまったのです。施設や病院でその生涯を閉じることがほとんど当たり前という社会で、私たちは、家族の死を正面から見つめられなくなっています。

そのような環境で大切な家族を突然亡くした場合、残された者はどのようにして葬儀を準備したらいいのでしょうか。故人の交友関係もよく知らないし、訃報をどなたにお知らせしたらいいのかがまったく分からない。こうした不安と困惑を幾重にも重ねながらお葬式の期間を過ごした上に、葬儀後には「十分なことができたのだろうか」と悔やまれたり…。現代の近親者との死別がもたらす心の痛みは、こんな生活の変化からも来るのかもしれません。

村のしきたりから葬儀社頼りに

お葬式はほんの十数年前でも、地域コミュニティーが取り仕切って行うのが常識のような地域がたくさんありました。人が亡くなると、地域の顔役がやって来て、この集落ではこうやって葬式を出すのが決まりだと迫ってきたり、親族の長老が一つ一つ叱りながら指導してくれたりして、お葬式の支度が進められていきました。

人々は故人の自宅や菩提寺に集まり、遺体を守るためにお通夜を過ごしました。その寝ずの番を支えるために、女性たちは炊き出しを行い、近所の人々の手によって自宅は急場の葬儀式場にあつらえられていきました。葬儀の後には、僧侶を先頭に野辺送りの葬列ができ、道中では村の人々が手を合わせて故人の冥福を祈りました。葬列が村はずれの集落のお墓まで着くと、遺体は男性たちによって掘られた穴に埋葬されていきました。一つ一つが村の共同作業であり、しきたりに沿って行われていたのです。

余談ですが、「村八分」という言葉も、十分の交際のうち八分は絶つが、残りの二分、「火事」と「お葬式」だけは、自らも災害から身を守るために村が助けるという意味だという説もあります。

時代は変化を続け、「しきたり」は「一般的な」という言葉に取って代わるようになりました。暮らしがどんどん便利になると同時に、葬送文化も変化しました。葬儀社がお葬式に関わるようになってから、地域コミュニティーの手を借りることがなくなり、地域固有の文化であったお葬式が徐々に平準化されていきました。「遺族が何も考えなくても、葬儀社のガイドでお葬式は進む」と、どなたかがおっしゃっていました。

先祖代々のお墓は遠く離れた地方にあり、都会には知り合いの僧侶はおらず、葬儀のお勤めは、葬儀社の紹介によって初対面の僧侶にしてもらうことになります。村人の手を借りずとも、葬儀式場は冷暖房完備で快適この上なく、仕出し料理の振る舞いで通夜の夕べを過ごします。会社勤めの現代人にとって、昼間の告別式よりお通夜のほうが都合がいいとばかりに、夜の弔問客は増える一方です。翌日のことを考慮して、ご遺族は自宅に帰って休み、式場のガードマンが寝ずの番をしながらお通夜は更けてゆきます。翌日の告別式の後、火葬場までご遺族はマイクロバスで移動します。早く日常生活に戻りたいということなのか、当たり前のように七日を待たずに初七日が営まれ、逆に火葬場の都合でお通夜の日にすでに初七日に至っているなんてこともあります。

自分らしいお葬式

葬儀が変化したから地域コミュニティーが崩壊したのでしょうか。あるいは、先にコミュニティーが崩壊したために、やむなく葬儀が変化したのでしょうか。

ご近所や町内にお葬式について相談できたのも、今となっては昔話です。たとえ村八分にされても葬儀と火事だけは助け合った時代がありましたが、今は、全部に関わらないことが、隣人として心地よい時代なのかもしれません。

そうやって地域との関わりや助け合いを求めないで暮らす代わりに、誰にも迷惑を掛けずに自分らしく暮らしていく自己責任を伴う個の時代を迎えました。それに伴って、お葬式のあり方も急激に変わりつつあります。

「自分らしいお葬式、自分の人生が見えるお別れをしてほしい」

「自分の知らない人にまで焼香をしてもらいたくない」

「親しい人だけに訃報を知らせてほしい」

そんな言葉が普通に聞かれるようになりました。お葬式は地域のしきたりに従って多くの人を集める儀礼ではなくなり、故人の人柄がしのばれるような工夫が施されたり、故人と親しい顔ぶれだけが集まるケースも出てきました。

そうやって生まれたお葬式の一つが、一般会葬者を呼ばずに近親者だけで執り行う「家族葬」と呼ばれるお葬式なのでしょう。人々は家族葬に、故人らしさの見えるお葬式の実現や経費の削減による金銭的な負担軽減を求めるようになりました。お葬式は今後、ますます小規模化していくことになるのでしょう。

すべて自分たちで決める

自分らしいお葬式が行えるようになった一方で、現代のお葬式ではすべてを身近な遺族が決断しなければならなくなりました。

近親者との死別という、日常ではあり得ない追い詰められた状態。どんな言葉もその耳には入らないでしょうし、今の不安と先の不安とで目の前は真っ暗になり、頭も胸もいっぱいの状態のはずです。一家のあるじとして、長男として、配偶者として、何とか気持ちを奮い立たせて、故人と共に病院から帰ったところに、決めなければならないことが怒涛《どとう》のように押し寄せてくるのです。

最初に決めなければならないのは、ご遺体の安置場所です。そして、安置場所までどうやってご遺体を搬送するのか。

葬儀社はどこにするのか。

菩提寺や葬儀式場、親戚や遠方にいる家族、会社にどうやって連絡するのか。

顔ぶれから想定される参列者の人数。

料理や返礼品。

あいさつ。

その後の法要や納骨…。

日常生活にはなじみのない事項が山ほどあり、それぞれに判断が求められます。近親者と死別した悲嘆などは後回しとばかりに、次から次へと押しつぶされそうな勢いでご遺族に決断が迫られるのです。

そこには、アドバイスや指導をしてくれる親族や地域の長老などいません。何らアドバイスや意見を聞く機会もなく、不安なまま、すべてを自分たちで決めなければならないのです。

遺族の癒やしは何処《いずこ》へ？

近年、「グリーフケア」という言葉をよく耳にするようになりました。グリーフとは「心の痛み」のことです。近親者を失ったそのときから、家族は大きな心の痛みを抱えることになります。ある者は泣き叫び、ある者は表面上は気丈に振る舞いながらも、心の痛みをどのように癒やしていったらいいのかを悩み、苦しみます。こうした痛みに対する対応処置をグリーフケアといいます。

伝統的な葬儀は、その段取りからクライマックスに至るまで、グリーフケアがよく機能していたと思います。家族葬というお葬式が聞かれるようになる前までは、ご遺族の友人なども、たとえ故人のことを直接知らなくても、弔問に訪れご遺族を励ましていました。そうやって、弔問客や会葬者からお悔やみの言葉をいただきながら、故人を見つめ、お別れのクライマックスまで段階的に気持ちを切り替えてゆけました。友人や関係者をはじめとする弔問客や会葬者と関わることを大切にしたスタイルによって、ご遺族は心の癒やしを得ることができていたのかもしれません。

地域コミュニティーが崩壊した今、親族の長老が、悲嘆に暮れるご遺族に代わってお葬式を段取りしてくれることも、地域コミュニティーがお葬式を支えてくれることもありません。自分らしさや経済効率を求めてお葬式は小規模化し、ご遺族は心の癒やしを得る場を失ってしまいました。故人を直接知らないからといってご自分の友人をお葬式に呼ばず、またその友人も、故人を知らないからといってお葬式には出掛けず…。それが現代のお葬式なのです。

近年は特に、遺族の心の癒やしの必要性が注目されるようになりました。近親者を失って心の傷を抱えたご遺族のグリーフケアは、今後、葬儀従事者にとって重要なポイントになっていくことでしょう。葬儀が、単なる儀礼や消費行動で終わってしまわないように、葬儀そのもののあり方をご遺族とじっくり話し合ったり、葬儀後に、何らかの形でグリーフケアに通じる関わりをご提案することも、私たち葬儀従事者の役目になっていくのかもしれません。

column

未来のエンディングノート

お葬式に遺影写真が登場し、一般的になったのも、歴史的に見れば、実はそれほど昔の話ではありません。昨今の葬儀事情を見ていると、多様化の流れは、ますます加速するだろうと強く思わざるを得ません。

手軽さという点では、インターネットを利用したエンディングノートは増えてゆくように感じております。実際に書き方の指南や管理をするインターネットサービスも登場しました。近い将来にはエンディングノート専用のブログサービスなども登場するかもしれません。

また、あらかじめサンプリングしておいたご自分の声を使ってエンディングノートの言葉を再生するという音声合成の技術も、実用的なものになってきています。この技術は、声帯手術などで声を失った方が、事前にサンプリングしておいた自分の声を使って、パソコンに入力した文字を読み上げる技術として、すでに実用化されています。まだまだ予算的な問題として、一般的にはなかなか難しい点もあるようですが、この技術を使えば音声データを用いてエンディングノートのメッセージを読み聞かせてくれるだけではなく、ご家族が聞きたい故人の言葉を故人の声で聞くことができるようになります。

最新のテクノロジーはエンディングノートにさらなる変化の可能性を感じさせてくれます。しかしながら伝える相手の心に響くという点では、やはり紙の上で文字にしたものが最適であり、写真を張られたり、エンディングノートと一緒に映像や音声データを保管をされることで、自分史として彩りをつけることもできます。こうした素材は故人をしのぶ有効なツールとしてお葬式やお別れ会で用いられることも多くなっております。

第二章

エンディングノートのすすめ

死を見つめてみよう

死の準備教育、「デスエデュケーション」という考え方があるそうです。いずれ訪れる死をあらかじめ見つめることで、限りある生を充実させていこうという考え方です。

チベットの遊牧民の方から聞いた話では、年老いたお父さんは、自分が寝込むようになると、子どもたちを傍らに集め、自分が死んだときのことについて話して聞かせるそうです。そして、自分が親から教わったことを伝え、自分がいなくなった後も、たくましく生きてゆけるように指示をするのだそうです。

また、余命を宣告された方の闘病記などが書籍化されたり、映画化されることがあります。インターネットのブログなどにも、自らの命の記録を残される方がいらっしゃいます。生命の終わりを予告されたにもかかわらず、その方々の精神の何とたくましいことか。それぞれの生命にドラマを感じ、その強さはどこから生まれてくるのか、ふと考えてしまうことがあります。自らの生命の終わりを受け止めた瞬間から、普通に命があるものと思って生きている私たちには到底分からない、命の貴さを感じられるようになる、と伺ったことがあります。

私たちが自分の人生ときちんと向き合おうとしなかったり、自分の家族を少しぞんざいに扱って、何となく優しくすることができずにいたりするのは、「明日があるさ」と、どこかで高をくくっているからかもしれません。老いや死がまるで他人事で、明日にでも自分に訪れるかもしれないという切実感がないために、そうなるのでしょう。

人は葬儀をする生き物

人間は、地球上で唯一お葬式をする動物だと聞いたことがあります。当たり前だとは言わないでください。かわいがっていたペットが、飼い主が亡くなったときに、そわそわしたり、悲しい声を出したりという話を聞いたことがあります。彼らが本当に悲しんでいるのかどうかは別として、どこか不安そうな態度を見せているのは確かです。それでも、動物がお葬式をするという話は、見たことも聞いたこともありません。

では、人はなぜお葬式をするようになったのでしょうか。人類は知能の発達とともに心を豊かにしてきました。音楽を聴き、美術を鑑賞するという行動は、動物には見られません。「弔う」という行為も、豊かになった心から生まれたものなのではないでしょうか。

医療の発達していなかった昔、人々は生命の終わりをすんなりと受け入れ、あきらめていたのかというと、そうでもなかったようです。眠ったまま目を開けることのない身近な人の「死」を目の当たりにした人々は、不安と悲しみの中でその遺体を囲み、再び目を覚ましてくれることを願いながら、ひたすら手を合わせました。お願いだから生き返ってくれ、もう一度目を開けてくれと祈りながら。

この蘇生《そせい》を願う祈りの名残が、現在行われているお通夜です。お通夜の夜を過ごすことを「お守りする」「寝ずの番をする」と表現することがあります。

ある僧侶から伺ったお話ですが、まだ照明などもなかった時代には、人が亡くなると、闇夜に乗じて死肉を食らおうと虎視眈々《たんたん》とつけねらう夜行性の猛獣や、人の不幸に乗じて家を襲おうとする賊の存在がありました。こうした外敵から遺体や家を守るために、人の亡くなった家で、夜通しで寝ずの番をしたのがこの言葉の由来だそうです。

もう一つの説では、目を閉じて横たわったまま動かない人が、再び目を開けてくれることを願い、目を開ける瞬間を見逃すまいと、一晩中見守るようにして過ごすことを、寝ずの番をすると表現したのだそうです。医学が現代のように進歩するまでは、医師による臨終宣告後に蘇生した例も実際にあるようです。

心の癒やしがあった通夜

お通夜の晩を共に過ごした人々は、その時間の経過の中で、ご家族の蘇生《そせい》をあきらめ、死を受け入れていきました。その感覚を共有した人々には、何やら不思議な、しかし確かな連帯感があったのではないでしょうか。親戚中が集まり、村中が協力して葬儀を行うことで孤独感から解放され、ある種の精神的な癒やしを得て、自らを奮い立たせることができたのではないかと思います。そういう意味で、人がお葬式というセレモニーを代々続けていることには、単にあの世に送るためだけではなく、残された者が生きていくために、大きな意味や意義があったに違いありません。お葬式の目的の一つ、残された者が心の整理を上手に行うためのプロセスが、伝統的なお葬式には十分に盛り込まれていたのです。

葬儀のマナーやしきたりが書かれた解説書などをご覧になってみてください。お通夜には平服でお出掛けになることをよしとしている書籍を多く見掛けます。お通夜のときには、故人はまだ亡くなっていないという考え方があるのが分かります。

ただ、現代は故人が蘇生する可能性は低く、お通夜の意味も大きく変化しています。お通夜も、お葬式というセレモニーの一環としてとらえられるようになり、告別式と同じように式服で臨むようになりました。お通夜の弔問が、告別式の会葬に代わるものという考え方も一般的になっています。

お葬式は不要か

葬送儀礼への関わり方が変化した今、ふと、お葬式を必要としない時代がすぐそこまでやって来ているのではないかと思うことがあります。

医学の進歩によって余命が告知されるようになり、告知から臨終までの時間の経過の中で、ご家族が心を整理したり、あきらめの感情を整えられるようになったからです。そういうことも、お通夜や告別式のプロセスを不要に感じさせているのかもしれません。

さらに、お葬式の施行費が、ご家族にとって大きな負担になっていることも理由の一つなのでしょう。最もこの辺は、葬儀社にご相談されることによって、ある程度ご満足いただける解決ができると私は考えているのですが…。

では、お葬式は本当に不要なのでしょうか。葬送儀礼などというものは必要ではないといって、割り切ってしまっていいのでしょうか。

お葬式が縮小され、小規模化されると同時に、近親者を失った心の痛みを訴え、何らかの救いを求める方が増えています。社会の急激な変化に伴い、お葬式のあり方や役割を、今一度見直してゆかなければならないときを迎えているのでしょう。

もしも
お葬式がなかったら…？

生前にお葬式を考える

ご家族でお葬式の話をするのは、不謹慎なことなのでしょうか。

とあるエンディングセミナー会場で、「お葬式のことを家族で話し合いますか」と問い掛けたところ、「そんなことできないよ」という答えが返ってきました。ご家族の死は、この上なく悲しく不安なものです。だからこそ、お葬式では十分に悲しみ、故人との最後の時間を有効に使っていただきたいものです。私は、ご家族の間でお葬式について話し合う機会がもっとあれば、お葬式は不安なものではなくなるはずだと、かねてから思っていました。

お葬式を、生前に考えてみてはいかがでしょうか。お葬式を事前に考えることで得られるメリットは、単に見積を比較できるという経済的なことだけではありません。多くのメリットがありますので、読者の皆さまには、ぜひお葬式を勉強していただきたいと思います。

最初のメリットは、悲嘆がないことです。お葬式を生前に考えるというのは、当たり前のことですが、ご本人がまだ生存していらっしゃるということになりますので、あなたの死に直面した後よりも、よほど心穏やかに、いろいろなことが考えられるのではないでしょうか。

悲嘆がないばかりか、ご家族ではなくご本人が考えるのですから、連絡先や手配などに漏れが生じるはずがありません。しかも時間はたくさんありますから、お葬式をじっくり計画することもできるでしょう。

この「ご本人の意思（遺志）」と「十分な時間」というのは、昔も今もお葬式の中で最も欠落している部分です。推し量れない故人の生前の意思と、選択をするための時間不足。それゆえに、ご家族の誰もが悩み苦しみながら、お葬式に関わる選択をしています。近親者と死別した悲しみとお葬式の手配とが重なるために、お葬式がつらく苦しいものになってしまうのも、当然のことなのです。

では、生きている今、決められる内容にはどんなことがあるのでしょうか。それは、実をいうとお葬式のすべてです。すべてが前もって決めてあったとしても、何ら不都合はありません。唯一決められないことといえば、お葬式の日程くらいのものです。式場や火葬場の日程ばかりは、実際に臨終を迎えなければ予約できないので、生前に決定することはできません。それ以外については、すべてをご本人であるあなたが計画して決めることができるのです。

家族のお葬式より気が楽です

逝くか、残されるか。

人生の終焉《しゅうえん》には、必ずいずれかの立場になります。そして、少なくとも逝くのは一回だけです。いくら希望しようとも、いくらお金を積もうとも、二度逝くことはできません。言い方を変えると、人生に一度しかできないのがお葬式です。

ご家族の死。残される者にとって、これほど大きなプレッシャーはないでしょう。ところが、本人が自分の死を考えることには、プレッシャーなどまったくありません。当たり前です。今生きているのですから、悲しいわけがありません。そしてその実行時には亡くなっているのですから、考えようによっては気が楽なものです。臨終の際には、ご家族の心の負担まですべて背負って天国に召されてしまいましょう。それが、私の考える生前にお葬式を考えるということです。

じっくり考えると、お葬式について事前にできることはたくさんあります。訃報を連絡する相手をリストアップしたり、連絡をする際に、ご自分のオリジナルの文章でお知らせすることだってできます。少しやんちゃな文章でお知らせしたとしても、故人らしさがそこにあるというだけで、ご家族は何だか温かい気持ちになれそうな気がしませんか。訃報をもらい、その冗談じみた文章に少々腹を立てた方がいたとしても、その怒りのぶつけ先など、どこにもありません。何しろ、やんちゃなご本人はすでに亡くなってしまっているのですから。あえてそんないたずらをする必要はないかもしれませんが、故人らしさというのは、ご家族よりご本人が考えた方が、よほどバラエティーに富んだものになることは間違いありません。

ご自分のお葬式なのですから、プログラムや式次第も自分で考え、あいさつ状の文面も作り、祭壇やBGMにもこだわってみる。趣味のコーナーなどを設けて、そこに展示するものを選んでみたり、遺影写真は快心の笑顔がいいなと考えてみたり…。そうやってご家族に苦労を掛けないように、あらかじめ予算を決めてお葬式の内容を計画しておけば、実際に故人になったときに、ご家族の胸に確かなものを残せるようになるはずです。おそらく、お葬式後のご家族の言葉にも、変化が見られるだろうと思います。

「まさに本人の思い通りのお葬式でしたね」

そんな会話が聞こえてくるお葬式になるのではないでしょうか。きっと残された方々の脳裏には、故人の「してやったり」という笑顔が描かれることになるでしょう。

「生前葬儀」という発想

実は、お葬式は死後行うもの、という常識を覆し、自分で陣頭指揮を執って、生前にお葬式をしてしまおうという考え方もあります。もちろん通常の葬儀とは異なり、そこにはひつぎがありません。ご本人がいらっしゃるのですから、祭壇や遺影写真も必要ありません。

自分のお葬式にある方を呼びたいと思っていても、突然の訃報では相手の都合やご家族の連絡ミスなどによって、希望がかなうかどうか分かりません。ところが生前葬儀ならば、事前に連絡できますから、呼ばれたほうも調整して参列できる可能性が高くなります。ご自分が演出した空間で、ご自分の考えた言葉で話ができ、最後のさようならが言える。生前葬儀という形こそ、最も個性が生かされたお葬式ではないかと思います。

会の呼び掛けのお手紙を書くとすれば、こんな感じでしょうか。

生前葬儀のご案内「〇〇〇〇のお別れの会」

このたび、私の〇歳の誕生日にあたり、これを機に現役を退き、かねてよりあこがれておりました、南の島にて余生を送る決心をいたしました。妻も先立ち、独り身の身軽さということもあり、文字通りのんびりと余生を過ごそうと思っています。

はなはだ勝手ながら、この機会に生前葬儀を執り行い、ご厚誼《こうぎ》を賜りました皆さまに、お別れの言葉を述べる機会をいただければと存じます。精一杯の生前葬儀とさせていただく所存です。ご会葬賜りたくお願い申し上げます。


いかがですか。何だか楽しい気分になりませんか。もちろん大きな決断のいる会ではありますが、この機に、共に観劇をしたり趣味を披露したりと、会のあり方に制限はありません。こうした会を催すことで、皆さまに隠居の決断を後押ししていただくことにもなります。その先は、海外、あるいはあこがれの田舎生活でしょうか。そして将来、実際にご不幸に遭われたときには、お葬式はありません。お付合いをされていた方々とのお別れは、すでに生前葬儀という形で済んでいるので、静かに荼毘《だび》に付されることでその生涯を閉じることになるわけです。

生前葬儀は、ご本人が健在で、ご自分がディレクターとしてプロデュースされるわけですから、大きな失敗はないでしょう。温かな言葉を掛けてもらい、ご自分の交友関係を再認識した際には、まだまだ死ねないぞと、むしろ活力をもらえるかもしれません。

葬儀にまつわる悩み

私は、エンディングノートセミナーと称して、皆さまの前でお話をさせていただいたり、お電話で葬儀のご相談をお受けしたりすることがあります。また、別の講師の方のセミナーに参加して、勉強させていただくこともあります。

それらに参加される方のご相談の多くは、次のようなものでした。

自分らしい葬儀がしたい
花の多い葬儀がしたい
家族に面倒を掛けたくないのであらかじめ葬儀について考えておきたい
お金の心配をさせたくない
密葬や散骨について知りたい

直葬や家族葬について教えてほしい
どうすれば生前葬が行えるのか
お通夜の料理は自分で選べるのか
会葬礼状を自分で書いておきたい
祭壇をデザインしたい
趣味の陶器で骨つぼを作りたい
お葬式に呼ぶ人を限定することは可能か

家族への心配から自分らしい葬儀に至るまで、相談内容はさまざまなのですが、中には、「エンディングノートを使われたらいいのに」、あるいは「まるでエンディングノートのようだな」と思った事例があったので、ご紹介いたしましょう。

妻だけにみとられたい

関西出身の老夫妻のご主人さまの悩みでした。

「私の知人や親戚のほとんどは高齢化しています。いくら親戚とはいえ、自分のお葬式のために皆さまに集まってもらうのは、道中の苦労を考えただけでも申し訳なくて仕方ありません。そこで妻には、誰にも不幸を知らせずに、妻だけで茶毘《だび》に付してくれと伝えてあります。ところが最近、新たな心配事ができました。私の指示を妻が忠実に守り、私の亡き後、しかも火葬も終了した後に訃報を知らせてきた妻に、親戚は何と言うだろうかと。間違いなく、『なぜ知らせなかったのか』と親戚中から責められることでしょう。自分がこの世からいなくなった後、残された妻が親戚から責められるかもしれないと思うと、どうしたらいいのか分からなくなりました」

何てすてきなご主人さまでしょうか。残される奥さまを心配されるお悩みでした。そのセミナーで、講師の方はこうアドバイスされていました。

「まず、密葬を行ってください。その後で、お骨になったご主人さまのお葬式を、関西で骨葬にて執り行われてはいかがでしょうか。そうすれば、ご親戚にご足労を掛けるという心配はありません。ただし、お葬式にはこれが正解というものがありませんので、こういった方法もあるというふうにお考えください。あなたはどのように思われますか？」

ご主人さまの言われるように、少なくともご遺族に心配事や苦労を残していかないためにも、このご主人さまはエンディングノートを書いておくとよいと思います。密葬ならびに骨葬に至った経緯、ご主人さまの配慮の結果、そのような指示を奥さまに残されたということを、きちんとエンディングノートに記しておけばよいのです。そうすることで、奥さまがご主人さまの臨終をみとった後、これが故人の遺志であると、どなたに対しても伝えることができ、ご主人さまの決断にしっかりと寄り添えるようになります。そして何よりも、ご主人さまが周りの方に対して配慮されたということが、明確に伝わるはずです。

施設で亡くなる認知症患者

認知症患者を担当する、ある介護士の方の悩みです。

「私は、施設に入られてから認知症になられる方をたくさん見ています。そういった方々が亡くなられたときにいつも思うことがあります。まるで施設の決まり事のようにご遺族に連絡が行き、決められた流れで荼毘《だび》に付されていく。臨終の間際では最後の言葉も聞けず、ご本人の意思がまったく分からないことがつらくてたまりません。何とか、認知症になる前に、ご本人の言葉を残すことはできないものでしょうか。

遺言でも残せれば、せめて最後のお葬式だけはご本人の希望をかなえてあげられそうな気がします。しかし、高齢者の方に、ましてや介護施設にいる方に、遺言を残すことをお勧めすることはなかなかできません。何か良いアドバイスがあったら教えてください」

講師の方は、次のようにアドバイスされていました。

「まず、遺言書に葬儀のことを書かれても、実際にそれが実行されることはありません。なぜなら、葬儀が終了し、相続人が集まる中、弁護士の立ち会いのもとで開封されるのが遺言書だからです。お葬式の前に誰かが開けてしまっては、遺言書自体が無効になることになります。そういった意味でも、臨終から葬儀までの流れを遺言書に書かれても、まったく機能しないのです。遺言書に、故人の意思を残し、反映させることは難しいと思います」

遺言書は、遺産相続のためには有効で、その内容は、一定の形式を守ることで法的な拘束力を持つようになります。そこがエンディングノートとの違いです。エンディングノートは法律で守られているものではありませんし、遺族に対して何の拘束力も持ちません。ただ、自分の考えをまとめ、それを遺族に伝え、遺族の支えになるという点で有効なツールなのです。

このケースでは、「認知症というご病気を患われる前に何かを残しましょう」と、お話しできればよいと思います。このとき、「エンディングノート」という名称では、患者さまにご紹介しにくいかもしれません。私がエンディングノートセミナーを開催する場合には、「最愛の家族に対してお手紙を書くように、ご自分のことを整理しましょう」と勧めています。エンディングノートは、「愛する家族へのラストラブレター」の役目を果たしてくれると考えているからです。「ライフスタイル研究ノート」など、少し表現を変えることで、取っ付きやすくすることもありました。すてきなネーミングを添えて、患者さまの意思を文章で残せるよう、勧めてみるとよいでしょう。エンディングノートの名称は何であっても構わないのです。

葬儀するなと言う父

嫁いだ娘さんの悩みでした。

「父が余命を宣告されています。父と母はすでに離婚しており、私には兄がいますが、兄は、浪費家だった父とは合わず、疎遠になっています。私は嫁いだ身ですが、やはり父のことが気に掛かり、これまでもいろいろ心配してきました。しかし、夫の両親も、私と父のやり取りを快く思っていないようです。父は『お葬式などしなくていい』と言っていますが、粗末な扱いをしているようで、そんなわけにもいきません。また、実際にお葬式をしなかったことで、夫の両親にどのように思われるかと思うと心配です。どうしたらいいのでしょうか」

実家のお父さまが余命宣告を受け、ご心労を重ねてのお電話でのご相談でした。まず、お父さまの発言の内容について確認しました。娘さんには、確かに「お葬式はしなくていい」と伝えており、そのことはご主人さまも理解されていました。そこで、葬儀は何のためにするのかをお話しさせていただきました。少なくとも、ご遺族に苦悩を残すためではないはずです。おそらくお父さまも、嫁がれた娘さんに迷惑を掛けたくないから、「お葬式はしなくていい」とおっしゃったのでしょう。私は、お父さまの考えが遺志として実行されるよう、「まず皆さまでお話をする機会を設けたほうがいいでしょう」と、アドバイスさせていただきました。

その数日後、お父さまのご臨終の連絡をいただきました。故人は霊安室に安置され、その控え室に、関係者の皆さまが初めてお集まりになりました。出過ぎたこととは思いましたが、娘さんからお話を伺っていた私が、お許しをいただき切り出しました。

「お葬式の相談の前に、少し皆さまとお話させてください…」

故人が娘さんに残された言葉、そのために苦悩されている娘さんご夫妻のことを伝え、何が一番大切かを話し合う機会を作ったのです。娘さんからではなく、第三者である私が故人の遺志をお伝えすることで、かえって皆さまも受け止めやすかったようです。

その後、故人の遺志を尊重してお葬式は簡素に行われました。後日、あらためて感謝のお電話をいただき、私まで胸が熱くなりました。エンディングノートは自分の考えを書き残すものですが、この時は、私がノートの代わりを務めさせていただくような形になりました。

社葬を拒む遺族

ある会社役員の方からの質問でした。

「取締役が亡くなられました。故人は、公人として業界でも活躍されていたので、晩年はご自分の社葬についても考えておられました。

ところが、ご家族の意見は違っていました。ご家族にとっての故人は、あくまでも夫であり父で、家庭人としての姿しか浮かばないとおっしゃるのです。『社葬などとんでもない。故人は静かな人だったし、遺族としても、そんな場所に出掛けることはお断りしたい』と、社葬を固辞されています。どうすれば、ご家族に社葬を受け入れてもらえるでしょうか」

大きな会社の取締役ともなると、亡くなられたときには社葬の話が持ち上がります。社葬とは、亡くなられた方が会社の要職者の場合などに、その功績に感謝の意を表し、生前の活躍をたたえたりする葬儀のことです。次の経営陣を発表したり、社外に対して組織力を示したりする場でもあります。

このケースは、結論が出るまでに、そう時間はかかりませんでした。会社の役員の方が説明しても決して聞き入れなかったご家族が、故人の秘書からのご説明を受けて、一転して社葬を受け入れたのです。

普段お会いすることのない役員の方からの言葉は、業務的にしか受け止められなかったご家族も、普段からご家族と連絡を取り、スケジュールや常備薬、通院のことなどを話していた秘書の方からの説明で、社葬が故人の遺志であると受け入れられたのだそうです。

故人の遺志を伝え聞いていることの確かな方が、エンディングノートの代わりを務めたケースといえるでしょう。

聞けなかった父の最後の言葉

病床からの突然の電話で、父が、自分が入院中であることを知らせてきました。

「よかったら会わないか？」

考えてみたら、両親の離婚を経て、当時一人暮らしをしていた私は、父に会わないまま数年がたっていました。病棟の待合室で言葉少なに過ごしたのは、ほんの短い時間でした。

「また来てくれ。いろいろ話そう」

それが父の最後の言葉になろうとは、思いもよりませんでした。

臨終にも間に合わず、慌ただしい中で葬儀を終え、姉から、「お父さんは何かを伝えたかったらしいよ」と言われました。当時、私を含め、子どもたちはそれぞれの暮らしを始めており、父も新しい家庭での生活があったので、父がどんな思いでいたのかはよく分かりませんでした。父の出棺を控え、マイクの前でたたずみ、ひたすら泣いていた私は、「親父ならどんなあいさつをしたのだろう」「もう少し親父との間に確かなものがあったらどうなっていただろう」と悔やまれました。

最後の事例は私自身の体験です。時がたち、自分の年齢が父の他界した年に近づくにつれて、父の口癖が移ったように同じようなことを言う自分に気が付くことがあります。今になって、親子だなあと強く実感しています。と同時に、父にもっといろいろ聞いておけばよかったと残念に思っています。祖父や祖母、父の親戚のこと、父がなぜ職人として生き、事業家として頑張れたのか…。もっともっとたくさん話をしておくべきだったと悔やまれます。私がエンディングノートに強く引かれるのも、そんな経験があるからかもしれません。

エンディングノートだからできること

エンディングノートは、自分史でもあり、備忘録でもあり、手紙でもあり、メッセージボードでもあります。そして何よりも、それにより、一番大切な人を助けることができるものだということをご理解いただけたと思います。

私は、お葬式セミナーや事前相談会などを通じて、ご遺族の不安や経済的負担が少しでも解消されるように、いざというときになって迷うことがないようにと、より詳しい事前相談や生前見積をお勧めしてきました。少し予備知識を持つことで、それまでまったく分からなかったことが判断できるようになるからです。お葬式を勉強していただければ、葬儀を執り行うご遺族は、もっともっと安心して故人を送ることができるのではないかと思ってのことでした。

この考えは今も変わらないのですが、

「もっとお葬式を勉強しましょう！　お呼びいただければ、少人数でもお見積やご説明に伺います！」

などといくら声高に叫んでも、実際は、不幸を前提にお話をすることはどなたも好まれません。たとえ事前相談が有効だとしても、なかなか事前にご相談をされる方はいらっしゃらないのです。

そんな私がエンディングノートに出会ったとき、大きな可能性を感じました。もしものときを考えて、普段からお葬式について勉強することを無理にお勧めするよりも、エンディングノートの方がずっと親しみやすいのではないか、これでもっともっとご遺族を救えるのではないかと思ったのです。むしろ故人の残されたエンディングノートの方が、葬儀社よりも頼りになるのかもしれないと気付いたのです。

では、エンディングノートの持つ利点について、もう少し見ていきましょう。

伝えたい内容が明確に

言葉というあいまいなものは、文章にしないと明確に伝わらないことがあります。その点については、先ほどのお葬式の悩み相談の事例で十分理解していただけたと思います。

先ほどの事例は葬儀が中心でしたが、たとえ生きていても、何らかの理由で言葉を失う可能性が残されています。目や文字で、自分が考えてきたことを伝えることができればまだよいのですが、その手段を突然失ってしまったときはどうするのでしょう。闘病生活や介護環境、そのための蓄え、延命治療や献体などについて、大切な家族にさえ伝えられなくなってしまったら…。そんな可能性を誰もが秘めています。

介護など時間やお金のかかることは、家族に不幸を招くこともあり、社会問題として取り上げられています。特に介護をする家族が、誰にも相談できずに悩まれるケースが増えています。そんなときに、もしエンディングノートにあなたの考えが記してあれば、ご家族はあなたの希望を知ることができ、大変な介護生活の励みにもなるでしょう。

お父さん、
こんな風に
考えてたのね…
エンディングノート

ポジティブに向き合える自分の「死」

私は葬儀社として、葬儀のご説明やお見積の機会をいただくことが、これまで何百回とありました。しかし、不幸が前提になるということで、ご遺族が悲嘆に暮れる様子を見ながら、何ともつらい気持ちになったことが何度もあります。そういった意味で、生命保険会社で働く方は、もしものときについて前向きにお話ができるので、積極的に説明を聞きたがるお客さまさえいます。お役に立ちたい気持ちは一緒なのにと、いつもうらやましく思っていました。まあ、どんなお仕事にも、つらいことは付き物でしょうが…。

自分の人生の最期を想定して、今考えられることや思いを書き記してゆくのがエンディングノートです。ところが、エンディングノートセミナーの会場を見ていると、ご自分の死期をテーマにしているにもかかわらず、積極的な姿勢で参加される方がかなりいらっしゃるのです。これが、エンディングノートに可能性を感じた最大の理由かもしれません。

セミナーは、ご自身の死を前提にして進んでいきます。しかしながら会場には、悲嘆に暮れる雰囲気などまるでなく、参加された方々は、エンディングノートのことを知れば知るほど、楽しそうにページをめくられてゆくのに気が付きました。エンディングノートという一つのツールにめぐり会えたことで、それまで思い起こすこともなかった昔の出来事を思い出したり、もやもやとした不安や心の奥にあった家族に対する愛情などに気が付いたりするのでしょう。何とすばらしいツールだと、セミナーのたびに感心しています。

誰にでもいつか必ず訪れる「死」。私たちは、死は「不安で恐ろしいもの」と考えてしまいがちですが、エンディングノートを用いることで、自分の死を少しは楽に見つめられるようになるかもしれない。私はそう考えています。

家族のコミュニケーションツール

いつも会話をしているつもりでも、コミュニケーションとは難しいものです。家族は本来一番近い存在であるはずなのに、実はあまりコミュニケーションが取れていません。子どもが社会人にもなれば、何を考えているのか分からなくなり、一家のあるじも、家に帰ると言葉少なにムスッとしていて、意外に外の顔が分からないことがあります。

エンディングノートのメリットは、ご自分の考えや思いを記録しながら、それを用いて、家族が積極的に話をするチャンスを設けられることにあると私は考えています。普段は考えもしない「自分の死」を見つめることで、家族に対する思いなど、家族に伝えておきたい事柄が具体的に浮かんでくることでしょう。エンディングノートをきっかけに、家族間のすれ違いも埋められるかもしれません。また、いざとなったら言い出しにくい事柄もあります。誰に介護してもらいたい、どんな介護をしてもらいたいといった希望は、たとえあなたに話ができて、自分で意思表示できるとしても、ご家族に負い目を感じたり、遠慮をしたりして切り出しにくくなるものです。そのようになる前に、介護を受けることになったときの自分を想定して、あらかじめ希望を考え、ご家族と話し合っておくこともできます。

私に介護が
必要になった
ときはね…

気掛かりが減っていく

最後に、意外と気が付かないことですが、エンディングノートは、記されるご自分のためにも多いに役に立つことをお伝えしておきます。

現代社会では、「自分を振り返る時間」の優先順位はどんどん低くなり、過去を振り返る時間はなかなか持てなくなっています。しかし、エンディングノートは、ゆっくりとご自分のことを考える時間を与えてくれます。

エンディングノートのページを何度も開くうちに、ずっと気に掛かってはいたけれど、日々の生活に追われて忘れていたことを思い出すかもしれません。昔の友人を思い出し、無性に連絡を取りたくなって、かつての友人との交流を再開された方。ささいなことで疎遠になっていたご親戚と連絡を取り始めた方。また、亡くなったご親族のことを思い出して、お墓参りに行きたくなったと言われた方もいました。

特に家族については、互いに無遠慮であることがありますから、いつでも愛情豊かな関係であるとは誰もが断言できないと思います。ときには、けんかをしたまま口をきいていないなんてこともあるかもしれません。

第二章　エンディングノートのすすめ

このように、エンディングノートに取り組む時間を有効に使って、じっくりと、そして何度も何度もご自分の生涯を振り返ってみてください。その結果、あなたは、不安や気掛かりのない安らかな最期を迎えられるようになると思います。

point

エンディングノートのメリット

- ○伝えたい内容を明確にできる
- ○自分の死を楽に見つめられる
- ○家族のコミュニケーションツールになる
- ○過去が整理されて気掛かりをなくせる

column

エンディングノートを受け取ったら

そういえば、自分が死んだ後のことばかり考えていましたが、もしあなたが誰かのエンディングノートを手にし、これから始まるその方のお葬式の打ち合わせのために、葬儀社の到着を待つことになったら…。そのときは、ぜひその方のエンディングノートを有効にご活用ください。

その方とは、この本の読者のご家族でしょうから、もしものときについては、家族会議などで、すでに何らかのお話はされているのだろうと推測します。すでにあなたの頭の中には、葬儀社と話すべきこと、これからのことが、きちんと整理されているかもしれません。あるいは、あれほど話し合ったのに、頭の中が真っ白になって、どうしてよいのやら途方に暮れているでしょうか。

そんなときにこそ、故人のエンディングノートのメッセージのページを開いてみてください。そこには、おそらくあなたに対するメッセージが書かれているはずです。そこからまず読んでみてください。故人の思いや考えというのは、強制や命令などではなく、あなたの心に訴えるメッセージです。ご家族に自分の思いや考えを伝えることがエンディングノートの目的ですが、その目的が達成されるのは、自分の思いをご家族に受け止めてもらえたときなのです。

ご家族やご親戚とともに故人をしのぶお通夜では、テーブルの真ん中に故人の残したエンディングノートを置き、あなたが故人の思いを解説してみてはいかがでしょうか。そうすることで、故人の思いや考えを、広く皆さまに受け止めてもらえると思います。

第三章

エンディングノートを書く

作成にあたって

実は、私自身もエンディングノートを書いてみて、解説が必要な事項がたくさんあることに気が付きました。なぜならエンディングノートは、択一式でもなく、○×式でもなく、ほとんどが記述式になっているからです。ですから、初めて取り組まれる方には、各項目についての丁寧な説明が必要ではないかと思いました。特にお葬式の希望については、事前知識の乏しい方が大半ですから、なおさらのことです。

そこで、付録の「エンディングノート」には、各項目に丁寧な解説を設けてみました。その項目の必要性を理解したり、希望を考える上でのヒントにしていただきたいと思います。また、各項目の解説を入り口に、書籍を読んだり、セミナーに参加するなど、もっと詳しく勉強されてもよいかもしれません。そうやって、ご自分の希望を具体的に掘り下げて考えていくことで、より豊かな未来を手にすることができるでしょうし、あなたの生きた証しをきちんと残せるようになると思います。

また、エンディングノートにはご本人の希望を残すことはできますが、遺言書のような法的拘束力はありません。むしろ、ご家族の心に訴えるためのものですから、「こうしなさい」という表現はふさわしくありません。「こうしてほしい」とお願いするような表現で書くとよいでしょう。

書いていてページが足りない場合、あるいは、時間の経過とともに書き換える内容が生じた場合は、付録の「エンディングノート」の各章最後にスペースを設けていますので、ご活用ください。写真などをはっていただいてもよいと思います。

書くタイミング

では、いつからエンディングノートを書き始めたらいいのでしょうか。

エンディングノートは死だけを前提にしているわけではありませんから、若いからまだ関係がないとか、定年退職を機にエンディングノートを書くとか、そういったものではありません。たとえ、百歳で死ぬことが分かっていたとしても、九十九歳の時に、一年かけてゆっくりとエンディングノートを書けばいいというものではないのです。

また、エンディングノートは整理帳ですから、過去を振り返りながら、ご自分の思いが表に出てくるように書くのが正しい書き方です。ですから、日記帳のように、「お正月から始めましょう」とか、切りのいい日を選ぶ必要はありません。

今すぐ、付録の「エンディングノート」を開いてみてください。

各ページの解説を参考に、ノートの一ページ一ページを埋めてみてください。要らないと思っていた項目でも、項目の解説を読む中で、その必要性に気付かされることもあるかもしれません。さらには、自分に必要な項目を追加で思い付かれるケースもあるでしょう。その場合は、ノートの余白に書き足していきましょう。

エンディングノート
そうだ、
さっそく書いてみよう！

書くときのコツ

それでもまだ、エンディングノートを書くことをためらわれるという方には、ノートを作成するときの、ちょっとしたコツをお教えしましょう。

難しく考えずに書けるページから書くこと
家族を思いながら書くこと
自分も楽しむこと

迷う内容や、思い出すのに時間がかかることは後回しにして、普段のありのままのあなたが書ける項目からエンディングノートに記してみましょう。おそらくは真っ白いノートがなかなか埋まらず、ご自分の人生をあまり振り返ってこなかったことに気付くことになるでしょう。
また、医療や介護など、いざというときに関するページは、今のあなたの状態や考え、気持ちを取りあえず書いてみてください。遺言書とは違い、いつでも気軽に書き換えられるものと思って書くとよいと思います。

そして、エンディングノートはご家族に残すものですから、ご家族に伝えたい内容を書くようにしてください。ご自分の健康状態や家のこと、ご家族へのメッセージなど、ご家族の不安や面倒を少しでも軽減してやりたいと思い続けながら書くことが大事です。

最後にお伝えしたいコツは、楽しみながら書くということです。エンディングノートをきっかけに、自分史作りや家系図作りに目覚めたという方もいらっしゃいます。昨今は、高齢者の方でもパソコン教室などに通って、充実したセカンドライフを過ごされている方もいらっしゃいますから、自分史作りのついでに、パソコンを覚えるというようなことも楽しいかなと思います。ブログにして、あらたに思いついたことを更新し、完成したブログを製本するというのもいいかもしれません。また、エンディングノートを書くことで、懐かしい友人を思い出し、交流を再開されたというお話も聞いています。

ノートは手元に置く

たまに、「エンディングノートが完成したら、しまっておきましょう」と言われる方がいます。さらに、「エンディングノートを預かりましょう」という方にもお会いしたことがあります。しかし私は、それではエンディングノートの効果が半減してしまうと思っています。エンディングノートが完成したら、ぜひ手元に置いておきましょう。保管や信託などはするべきではありません。エンディングノートを預かりたいという人は、エンディングノートの保管と称して、臨終のタイミングを逃さずに葬儀契約を受注したい方や、税務相談を引き受けたい方なのかな、とふと考えてしまいます。それがあなたのお考えと一致するのであれば、まったく問題はありませんが。

エンディングノートは、臨終の際だけでなく、ご自分で意思を伝えられなくなった場合など、生前にも有効なツールです。完成したエンディングノートは、書いた後にどこかにしまうものでも、どなたかに託すものでもありません。できれば、常に所定の位置に置いておき、ご家族の誰もが所在の分かる状態にしておくことをお勧めいたします。

○○葬儀社
○○葬儀
NO!
エンディングノート

ノートの話題で家族と話しましょう

エンディングノートをきっかけに、ご家族で語り合いの場を設けることが理想です。たとえば、ご家族にご自分の死について話し掛けたら、ご家族からはどんな反応が返ってくるのでしょうか。子どもたちからは失笑され、パートナーからは、「縁起でもない」と一蹴《いっしゅう》されそんなふうにはならないでしょうか。エンディングノートも、単に書いただけでは受け流されてしまう可能性があります。あなたの亡き後、ページが開かれることもなく、遺品の一つとして整理されてしまうかもしれません。

それだけなら、まだいいかもしれません。エンディングノートを残しただけで、ご家族が内容について何ら理解されていなかったとしたら。あるいは、ご家族の了承を得ていなかったとしたら。いずれの場合も、ご自分の希望を実現することはおろか、残されたご家族にとって、いざこざの元となることも考えられます。

エンディングノートを書いたら、そのノートを前にして、できるだけご家族と語り合う時間を作ってください。ご家族と離れて暮らしている方は、お正月やお盆など、数少ないチャンスにきちんとお話することをお勧めいたします。エンディングノートは、大きな力を秘めています。言い出しにくいことを切り出すきっかけになるだけでなく、ご家族がお互いに理解を深めるのを助けてくれるはずです。

エンディングノートには、ご家族で話したい話題がたくさんあります。ご家族の誰も知らない自分の若いころの話、お世話になった方のこと、かわいがっているペットのこと…。それはそれはたくさんの話題が生まれることでしょう。この本を手にされたあなたには、エンディングノートを上手に活用していただき、ぜひご家族とお話しする時間を設けていただきたいと思います。エンディングノートの一番の目的は、単にご本人の希望を実現するという次元を超え、「ご家族に、自分についての記憶や自分の考えを残すこと」にあるのですから。

定期的に読み返しましょう

最後のお願いです。機会のあるときには、ご自分の書いたエンディングノートを定期的に読み返してください。そして、エンディングノートを囲んで家族と語り合うように、ご自分とも語り合ってみてください。

日々の暮らしや趣味、嗜好《しこう》、あるいは闘病の記録などを書きつづるうちに、その時々で、ご自分の考えや感情が変化していることに気付かされるかもしれません。その結果、一度書いたエンディングノートを書き換えたくなるかもしれません。しかし、それで構わないのです。エンディングノートは縛られるものではなく、いつでも書き換えられるものだからです。

暮らしの中身は、常に同じとは限りません。病気になったり、要介護度が変化したり、財産の目録だって変更があるかもしれません。時間の経過とともに、書き換えなければならないページが出てくることは、むしろ自然なことです。時々は読み返し、何度も何度も書き直していく。あなたが年を重ねた分だけ上書きされたエンディングノートこそ、ご家族にとって一番の宝物なのかもしれません。

point

エンディングノートを書いた後は

○手元に置いておく

○ノートの話題で家族と話す

○定期的に読み返す

お葬式のシミュレーション

エンディングノートには、ご自分の葬儀について記す項目も設けられていますので、それを頼りに、あなたのお葬式をイメージすることもできます。お葬式をあらかじめシミュレーションすることは、いつ起きるかもしれない不幸を想定しておくことで、日々の暮らしに安心をもたらしてくれることになります。

お葬式について明確なご希望がある方は、それが実現可能なのか、まずご自分で調べておくことが大事です。希望を実現させるための知識をつけるために、わが家の宗派を調べ、菩提寺やお墓のことを考えてみてもよいでしょう。そして、やはり葬儀社に一度足を運んで、さまざまな情報を得ながら検討されることをお勧めいたします。なぜなら、一般的にお葬式は非日常であり、お葬式事情に詳しい方は少ないのが現状だからです。お葬式の後、高かったとか安かったとかおっしゃられる方も、比較基準があいまいな場合がとても多いです。知識が乏しいために、お葬式は、葬儀社がコーディネートすることがほとんどです。

そこで、ご自分で葬儀社に行って具体的に相談してみることで、実は、お葬式の勉強を簡単に始めることができます。ただ残念なことに、生前のご相談にあまり前向きでない葬儀社があるのも事実です。ましてや、葬儀社にいらした方がいかにも元気そうだと、「亡くなってからいらっしゃい」という対応をする葬儀社もあるようです。そんなときは残念ですが、忙しいのだろうと気持ちを切り替え、別の葬儀社の戸をたたきましょう。お葬式を勉強したいという方向けにセミナーを開催したり、相談窓口を設けている葬儀社はたくさんあります。そんなところを利用してみてもよいのではないでしょうか。

インターネットなどで葬儀社を探した場合、よくできたホームページを見ると、会社そのものにも良いイメージを抱きがちです。しかし、ホームページの出来栄えが、良いお葬式を約束してくれるわけではありません。最終的には、コーディネートしてくれる担当者の力量によるところが大きいのです。ですから、葬儀社は、できれば複数社を訪問してみてください。そして、葬儀社との打ち合わせの確認書のようなものを添えて、エンディングノートに希望を記すと、ご家族は大変助かるでしょう。

じっくり検討できるのは今だけ

葬儀社に行ったら、ご自分の希望を話して、ご自分の考えているお葬式の予算について見積を求めてみましょう。

テレビ番組でお葬式をテーマにすると、視聴率が取れると聞いたことがあります。特に、お葬式の予算など、葬儀に掛かるお金というテーマには、多くの人の注目が集まるそうです。なぜでしょうか。お葬式の実情に関する情報があまりに乏しいために、多くの方が知りたがっているからではないでしょうか。しかしながら、番組では、面白おかしくして視聴率を稼ぎたいという制作意図によって、不道徳で悪質な葬儀社の例が取り上げられがちです。実はこうしたことも、葬儀社を訪ねにくくしている要因の一つです。制作者の側から見れば、視聴率を取れる番組にするために仕方のないことかもしれませんが。

実際の葬儀社は、見積書も明確で、きちんとしたパンフレットもあって、ご利用者が自ら選択できるようになっています。しかし残念なことに、葬儀社のパンフレットがあったとしても、何をどのような基準で選べばいいのかを理解している人は珍しいです。時間にゆとりのない中でお葬式の打ち合わせが進められ、担当者の話を聞きながらお葬式について初めて学び、何となく選択をし、気が付いたらお葬式は終わっていて、すっきりしないものだけが残る…。

自動車や住宅を購入するときには、パンフレットをじっくり読み比べたり、さまざまな情報を検索してみたり、第三者の意見を聞いてみたりするものです。ところが、お葬式では、それだけの情報を集める時間がありません。お葬式は、亡くなられてから数日のうちに終えなければなりません。ご家族は、近親者と死別した悲しみに打ちひしがれる中、ほんの数時間という限られた時間の中で、お葬式のすべてを決めなければならないのです。

それではあまりに酷ではありませんか。ですから、お時間のあるときにゆっくり考える。それも、お葬式に責任を持てる当事者が決める。すなわち、ご本人のお葬式をご本人が決めることによって、この問題は解決されるのです。

お葬式の希望の中身は、葬儀社に出向いて、相手の話を聞きながら考えても結構です。お葬式で何ができるのか、それをするためにどのくらいお金が掛かるのかを聞き出し、その上でご自分の希望を思い浮かべてみましょう。その内容をエンディングノートに記録し、その希望に添った見積を葬儀社にお願いしてみる。そんなことをお勧めします。

葬儀社の決め手は見積額か

見積で大切なことは、実は金額ではありません。見積書を見ると気が付くと思いますが、「葬儀セット」「祭壇セット」「葬儀一式」というように、葬儀社ごとにサービスの名称がバラバラで、はっきりいうと分かりにくいのです。しかし、大差はありません。お葬式の内容のレベルが同じなら、金額も似たようなものになるはずだからです。もちろん、見積の中の若干の違いは見極めていただきたいですが、金額よりも見てほしいのは、見積書の分かりやすさや打ち合わせのときの担当者の姿勢、説明するときの態度です。本当にこの人に自分のお葬式を託してもよいのか、という観点です。

葬儀社は許認可が必要な事業ではないので、「今日から葬儀社を始めます」と宣言すれば、どなたでもお葬式業を行うことができます。しかし、一般の方が、その葬儀社が経験豊富な老舗か、実績の乏しい駆け出しかを見極めることは困難でしょう。だからこそ、事前に見積を依頼することは大変有効なのです。

実は、葬儀社を見極める方法はいくつかあるのですが、あまり知られていないので、読者の皆さまはぜひ覚えておいていただきたいと思います。経済産業省認可団体に、「全日本葬祭業協同組合連合会」というものがあります。ここにおいて、葬儀社に一定のガイドラインが示されており、二年に一度、葬儀社の安心度調査が実施されています。この団体への加盟を許可された葬儀社は、おそらく店頭にそのプレートを掲げているでしょうから、葬儀社を選ぶ際のポイントの一つとして参考にされるとよいでしょう。こうした認定制度はほかにもいくつかありますので、店頭を注意して見てみてください。

さらに、担当者が公的な資格を持っているかどうかという点で、葬儀社を見極めることも可能です。「葬祭ディレクター技能審査」という厚生労働省認定の資格があります。一定以上の知識や技術レベルを審査した上で認定証が交付され、受験資格には、一定の実務経験年数も定められているので、経験のある葬儀担当者であるかどうかが分かります。

見積というと、金額に目が行きやすいですし、見積書の書面には金額しか載っていませんが、お葬式で大事なのは、金額だけでなくサービスの内容です。ここでいうサービスとは、単にメニューのラインナップだけを指すのではなく、担当者の奉仕の姿勢だと思っています。葬儀社に細やかな配慮を期待できるかどうかを見極めるためにも、見積の機会を大いに利用してみてください。

生前予約は家族立ち会いで

見積書の内容に基づいて葬儀契約をすることも可能です。欧米では、死を積極的に受け止め、お葬式の生前契約も多く行われています。

ただし、実際に契約（葬儀請負契約）するとなると、代金の領収と同時に、商品やサービスを提供するという原則に基づかなければなりません。サービスの提供を将来に残したまま、お金だけをお支払することはお勧めいたしません。なぜなら、葬儀社は、お金を受け取った時点で利益として計上しなければならず、将来の葬儀のときには、そのお金はすでにないことになるからです。実際にお葬式を施行する際には、収入のない状態で支出のみが発生するわけですから、さまざまなトラブルの元になります。

２０００年あたりから、冠婚葬祭会員制度の破綻という記事を、新聞や週刊誌で見掛けるようになりました。解約トラブルや預かり金の流用やずさんな管理を問題にして取り上げていました。葬儀社においても、事前の説明よりもオプションや式場管理費などをランクアップさせて追加料金を求めるトラブルなど、ことの真偽にかかわらず、インターネットやメディアからは絶えず負の情報があふれています。

そういう点において、本当の意味での生前契約が有効な時代はまだ先かもしれません。近い将来、保険会社とのタイアップで、葬儀の見積をセットにした、葬儀専用保険が販売される可能性は大きいと思っていますが。トラブルを避けるためにも、今のところは、契約を前提とした生前予約だけを行い、支払いはお葬式実行時というのが、リスクがないでしょう。

そこで、お葬式の内容について具体的な取り決めをしておくことを優先に、葬儀予約を検討されてみてはいかがでしょうか。将来のことの取り決めですから、その内容が変更することも想定しなければなりません。考えの変化に応じた内容の見直しや、経済状況の変化に伴う接待費の見直し、物価変動による修正など、生命保険を見直すようにお葬式の内容についても見直しの機会を設けておくことが必要でしょう。

さらに生前予約で大切なのは、ご家族の立ち会いです。ご本人とご遺族になる立場の方、そして葬儀社の三者の合意のもとで予約を行うのが理想的です。葬儀の内容を定めて、それを履行すると約束することはご本人とでもできるのですが、実際のお葬式の際には、ご本人は他界されているので、ご遺族が契約者になります。せっかく取り決めた内容をご家族が変更してしまうことも考えられることから、お葬式の内容について、ご家族で話し合っておくことが最も大切になるでしょう。

家族を巻き込みましょう

生前予約までは必要ないという方でも、せっかくご自分のお葬式について考えてみようと思われたのですから、ぜひご家族に、ご自分のお葬式の希望についてお話ししていただきたいと思います。実際に死期が迫るまで待つのではなく、

「私のお葬式の時はね…」

と、ご家族に向かって話し掛けてみてください。故人の希望を理解できていることは、ご遺族にとっても、あなたの亡き後、その心の傷を和らげることにもつながるからです。

とはいえ、「お葬式のことを家族会議で決めてしまいましょう」とお勧めすると、抵抗のある方がたくさんいらっしゃいます。おそらく、すぐには無理です。ご家族のためとはいえ、あなたのお葬式について考えることは、その傍らにいるご家族にとって、あなたの死を予期させることになるからです。

そこで、少しずつご家族を巻き込んでいく作戦をお勧めします。「無理やり家族を巻き込むなんて…」と思われましたか？　では、初めはお寺の話から切り出してみましょう。現在の日本では、お寺というとお葬式のイメージが先行します。そのことの善しあしはここでは考えな

いことにして、このお葬式を連想させるような便利なキーワードを使わない手はありません。

「わが家の菩提寺は何という名前だったかな？」

「うちは○○宗なんだけど、知ってる？」

「お盆にはお飾りをしましょう」

「家族でお墓参りに行きたいから予定を立てよう」

「先日参列した親戚の○○さんのお葬式なんだけどね…」

「うちのご先祖さまはね…」

最初の取っ掛かりになる話題はたくさんあります。お彼岸やお盆などといった年中行事も存在します。まずは、そういうものを上手に取り入れてみるのもよいでしょう。そして、一日も早く、ご家族でエンディングノートの話題に触れられるようになることが大切です。

おわりに

「エンディングノートをいつ書き始めましょうか」

そう質問されたら私はこう答えます。

「あなたはいつ死ぬ予定ですか」

そんなことは誰にも分かりません。今のあなたの命の保証などどこにもないのですから。突然の死か、余命宣告かは分かりません。しかし、あなたの死が大きな悲しみとなってご家族に襲い掛かることだけは確かです。ご自分がいなくなった際のご家族を、生命保険という形で支えてあげたいと願うことは、どなたにでもあることですよね。では生命保険に入られるように、エンディングノートを残してみてはいかがでしょうか。生命保険は経済的な支えに、エンディングノートは心の支えになるものと考えています。

エンディングノートを書きながら過去を振り返ったり、ご家族の将来を想像したりする中で、あなたはきっと充実した時間を手に入れられることでしょう。そして、エンディングノートは「愛する家族へ送るラストラブレター」ですから、愛する人を思う温かい気持ちを取り戻せることでしょう。エンディングノートが、あなたとあなたのご家族が、充実した時間を過ごすために役立つことを願ってやみません。

初版から10年、多くのエンディングノートが市場に並ぶ一方で、スマホの急激な普及により、コミュニケーションの多くは、絵文字や写真を中心にSNS活性しています。こうした電子的なやりとりが一般的になりつつある現代にこそ、エンディングノートのもつ、伝えるという可能性を感じていただきたいのです。

このたびの重版にあたり、特別付録として「想いを繋ぐ手紙セット」を封入することになりました。本書を手に取られた方には、書いたことを改めて言葉で伝えること、言葉にしたことを文字にすることにもう一度取り組んでいただきたいと願います。そして、大切な人の手に残る形としても考えてみてください。いくつものお手紙が何よりも雄弁なこともあります。伝え方や記憶への残し方はさまざまです。大切な人へあなたは何を選んで、どうやって思いを伝えることでしょうか。こうやって思う事も大事なエンディングノートコミュニケーションのひとつなのです。

最後に、ご尽力をいただきました皆さま、何やら不思議な顔をしながらも励ましてくれた友人、知人の皆さま、家族、そして何よりもこの本を手にしてくださった読者の皆さまに、心よりお礼申し上げます。ありがとうございました。

○著者略歴

尾上正幸（おのうえ・まさゆき）

厚生労働省認定葬祭ディレクター技能審査一級。株式会社東京葬祭取締役。明治大学客員研究員。一般社団法人ＣＳスペシャリスト検定協会監事。公益財団法人神奈川県動物愛護協会理事。著名人や「おひとりさま」「お二人さま」と呼ばれる高齢者世帯らの生前相談に積極的に取り組むなど、あらゆる形の葬儀に関わってきた経験から、エンディングノートや終活の有効性に確信を得る。以来、葬祭業の傍ら、医療関係者や一般向けのセミナー等での講演活動も行い、その開催数は年40本を上回る。近年は、「終活疲れ」を起こさないための「自分自身が楽しむ終活」を提案している。関連著書に『本当に役立つ終活50問50答』（翔泳社、２０１５年）ほか。

装丁　池田紀久江
イラスト　michi

二〇一〇年 三 月二十一日第一刷　発行
二〇二〇年 四 月　一　日第六刷　発行

実践《じっせん》エンディングノート
～大切《たいせつ》な人《ひと》に遺《のこ》す私《わたし》の記録《きろく》

著者　尾上《おのうえ》正幸《まさゆき》

発行人　岩永　陽一
発行所　株式会社共同通信社（K.K.Kyodo News）
〒１０５-７２０８
東京都港区東新橋１-７-１　汐留メディアタワー
電話　０３(６２５２)６０２１
印刷所　大日本印刷株式会社

乱丁・落丁本は送料小社負担でお取り換えいたします。
ISBN978-4-7641-0616-1　C0078
分売不可
＊定価はケースに表示してあります。

へ捧ぐ

目次

自分史の章 ---- 5

1. 私の人生履歴 ---- 6
2. 幼少時代について ---- 8
3. 学生時代について ---- 10
4. 仕事の記録（職歴、実績、ポリシーなど）---- 12
5. 仕事以外の活動の記録（趣味など）---- 14
6. あなたの人生について ---- 16
7. そのほかに伝えておきたいこと ---- 18
8. 自分史グラフ ---- 20

家系の章 ---- 23

1. 家系図 ---- 24
2. 両親の思い出 ---- 26
3. 祖父母の思い出 ---- 28
4. パートナーの思い出 ---- 30
5. 家族の思い出 ---- 32
6. 家の宗教・菩提寺について ---- 36
7. 先祖代々のお墓について ---- 37
8. 家紋について ---- 38
9. 法要について ---- 39

医療の章 41

1. 既往症について 42
2. 病院・医師について 44
3. 病名・余命告知の希望 45
4. 延命治療の希望 46
5. 臓器提供・献体の希望 47

介護の章 49

1. 介護をお願いする人の希望 50
2. 介護費用について 51
3. 介護を受ける場所・終の棲家の希望 52

財産の章 55

1. 財産目録～正の財産（預貯金・有価証券）～ 56
2. 財産目録～正の財産（不動産・その他）～ 58
3. 財産目録～老後資金・葬儀資金～ 60
4. 財産目録～負の財産（ローン）～ 62
5. クレジットカードについて 63
6. 入会団体について 64
7. ペットについて 65
8. 遺言書について 66

葬送の章 69

ご臨終から納骨までの流れ 20のポイント 70
1. お葬式資金について 74
2. お葬式の形式の希望 75
3. お葬式に呼ぶ人の希望（お葬式の規模の希望） 76
4. お葬式の場所の希望 78
5. 安置する場所の希望 79
6. お葬式の内容の希望 80

7. 内容～喪主の希望～ 81
8. 内容～祭壇の希望～ 82
9. 内容～ひつぎの希望～ 83
10. 内容～遺影の希望～ 84
11. 内容～ＢＧＭの希望～ 85
12. 内容～湯灌《ゆかん》・納棺の希望～ 86
13. 内容～副葬品の希望～ 87
14. 内容～通夜料理の希望～ 88
15. 内容～霊柩車の希望～ 89
16. 内容～戒名の希望～ 90
17. 内容～供花の希望～ 91
18. 内容～香典・香典返しの希望～ 92
19. 内容～会葬御礼の希望～ 94
お葬式費用の試算手順 96

遺骨・遺志の章 99

1. 埋葬～お墓の希望～ 100
2. 埋葬～散骨の希望～ 101
3. 埋葬～分骨の希望～ 102
4. 供養・法要の希望 103
埋葬方法のあれこれ 104

メッセージの章 107

1. パートナーへ 108
2. 両親へ 110
3. 子どもたち・孫たちへ 112
4. 大切な人へ 116
親族の住所録 120
友人知人・仕事関係者などの住所録 124
最後に 128

自分史の章

私の経歴、家族の知らない私のこと

エンディングノートの最初のページには、あなたの誕生時や幼少期、学生時代の様子、仕事や趣味、こだわりなど、ご家族の知らないあなたの一面を記録します。

当時の時代背景や住んでいた場所の特徴なども一緒に思い出しながら、じっくりご自分の人生を振り返ってみてください。自分史を整理していくことで、ご自分の人生を意味付けられるようになるとともに、あなたのことをより深くご家族に伝えられるようになることでしょう。

もし、あなたのお父さまやお母さまがご自分のことについてこのような内容を書き残してくださっていたら…。何だかじんと温かい気持ちになりませんか。同じように、あなたのご家族も、あなたの書き残した内容を見て心の支えにし、あなたを思い出すための手掛かりにしてくださるに違いありません。そして、子から孫、ひ孫へと、あなたのことが次の世代へ語り継がれていくことになるかもしれません。

1 私の人生履歴

名前　（旧姓　）

生年月日　血液型

出生地　（病院名　）

〈学歴〉

年　月

年　月

年　月

年　月

年　月

年　月

年　月

年　月

〈資格・免許〉

年　　月　　取得

年　　月　　取得

年　　月　　取得

〈結婚・出産歴〉

年　　月

年　　月

年　　月

〈居住履歴〉

年　　月

年　　月

年　　月

2 幼少時代について

あなたの誕生時のエピソードや、名付け親、命名の由来などを書きましょう。また、就学前や小学生のころのあなたは、どんな子でしたか。やんちゃでしたか、泣き虫でしたか。当時の時代背景や育った場所なども交えながら書くと、読む方も、幼き日のあなたを思い浮かべやすいでしょう。

記入例

私が誕生する数日前に、父の親友に男の子が生まれ、私のために用意していた名前をプレゼントしてしまったそうです。今の名前は、菩提寺に付けていただいたそうです。私が育ったのは横浜です。当時の横浜は自然豊かで、小川での釣りや山菜採りができました。大阪万博があり、白黒テレビがカラーテレビに切り替わる時代でした。

3　学生時代について

中学高校時代のあなたのことを書いてみましょう。思春期のころの自分を振り返るのは少々気恥ずかしいものですが、夢や理想に燃える若き日の自分に立ち戻れるかもしれません。専門学校や大学、大学院など、高校以降にも学んだ思い出があれば、ここに記録しておきましょう。

書く内容を考える際のヒント

- 好きな教科と嫌いな教科、各教科の成績
- 所属していたクラブや部活動の思い出
- 体育祭や文化祭などの思い出
- 記憶に残る先生や同級生の思い出
- 習得した技術や専攻した学問について
- 卒業論文や修士論文の内容について
- 当時夢中になっていたこと
- 当時描いていた将来の夢

4 仕事の記録（職歴、実績、ポリシーなど）

人生の大半を占める仕事。仕事の場面では家族の知らない顔を見せていませんでしたか。あなたの職歴とその仕事を選んだ理由、一番向いていると思った仕事、仕事で尊敬している人、仕事における実績やポリシーなどについても書いてみましょう。

職歴の記入例

会社勤めの場合

・○年○月　ゼミの先生の紹介で○社に入社
・○年○月　島根に転勤、単身赴任生活に
・○年○月　本社に戻る、管理職に

自営業の場合

・○年○月　写真館でアルバイトを始める
・○年○月　思い切って独立店舗を構える
・○年○月　初めての黒字達成！

5 仕事以外の活動の記録（趣味など）

あなたが仕事以外に打ち込んでいることは何ですか。趣味やサークル、ボランティア活動などをされてはいませんか。始めたきっかけ、活動仲間のこと、それを通じて得たものは何ですか。特に活動はしていないという方は、自分の好きなことについて書いてみましょう。

書く内容を考える際のヒント

- 好きな書籍や映画のこと
- 好きな歌手やタレントのこと
- 応援しているスポーツチームや選手のこと
- 趣味の園芸や家庭菜園のこと
- 若いころに夢中だったこと
- 町づくり、町おこし、自治会などでの活動
- スポーツ、文化などのサークル活動
- 福祉、被災者支援などのボランティア活動

6 あなたの人生について

あなたがこの世に生まれた理由は何だと思いますか。そして、あなたがこれまでの人生で成し遂げたことは何ですか。今ここで、あなたの人生を自分なりに意味付けてみましょう。こんなことは、ご家族にもあまり話さないでしょうから、読んだご家族の心にも響くことでしょう。

書く内容を考える際のヒント

・生涯大切にしてきたモットーや好きな言葉
・人から表彰、感謝された経験
・あなたの人生を変えた出来事
・あなたの成功体験、挫折体験
・人生で最もうれしく楽しかった出来事
・人生で最も悲しくつらかった出来事
・これまでの人生でやり残したこと
・残りの人生で成し遂げたいこと

7 そのほかに伝えておきたいこと

これまでのページでは書けなかった、あなたの考えやこだわりを書き出してみましょう。またご自分のパソコンをお持ちの場合、あなたのパソコンにこそあなたがたくさん入っていませんか。あなたの亡き後、どのように処理してほしいのかも書いておきましょう。

私のパソコンを破棄する・引き継いでもらう

（引き継いでもらう人の名前）

（パソコンのパスワード）

私のホームページやブログの処理について

書く内容を考える際のヒント

- 集めているもの、通っている場所
- お中元やお歳暮、年賀状についての考え方
- お気に入りの施設やお店、レストラン
- 好きな食べ物や飲み物、お菓子
- あなたの自慢の手料理
- 最後にやりたいと思うこと
- 最後に行きたいと思う場所
- 最後に食べたいと思うもの

8 自分史グラフ

人生の出来事と、そのときの幸・不幸度を示したグラフを作ってみましょう。あのときはうれしかった、落ち込んだと感情の起伏が一目で分かります。時事も織り込めば社会との関わりも見えてくるし、写真をはったり、過ごした場所を書き込んでみたり…。もっと大きなスペースが必要な方は、このページを拡大コピーしてご利用ください。

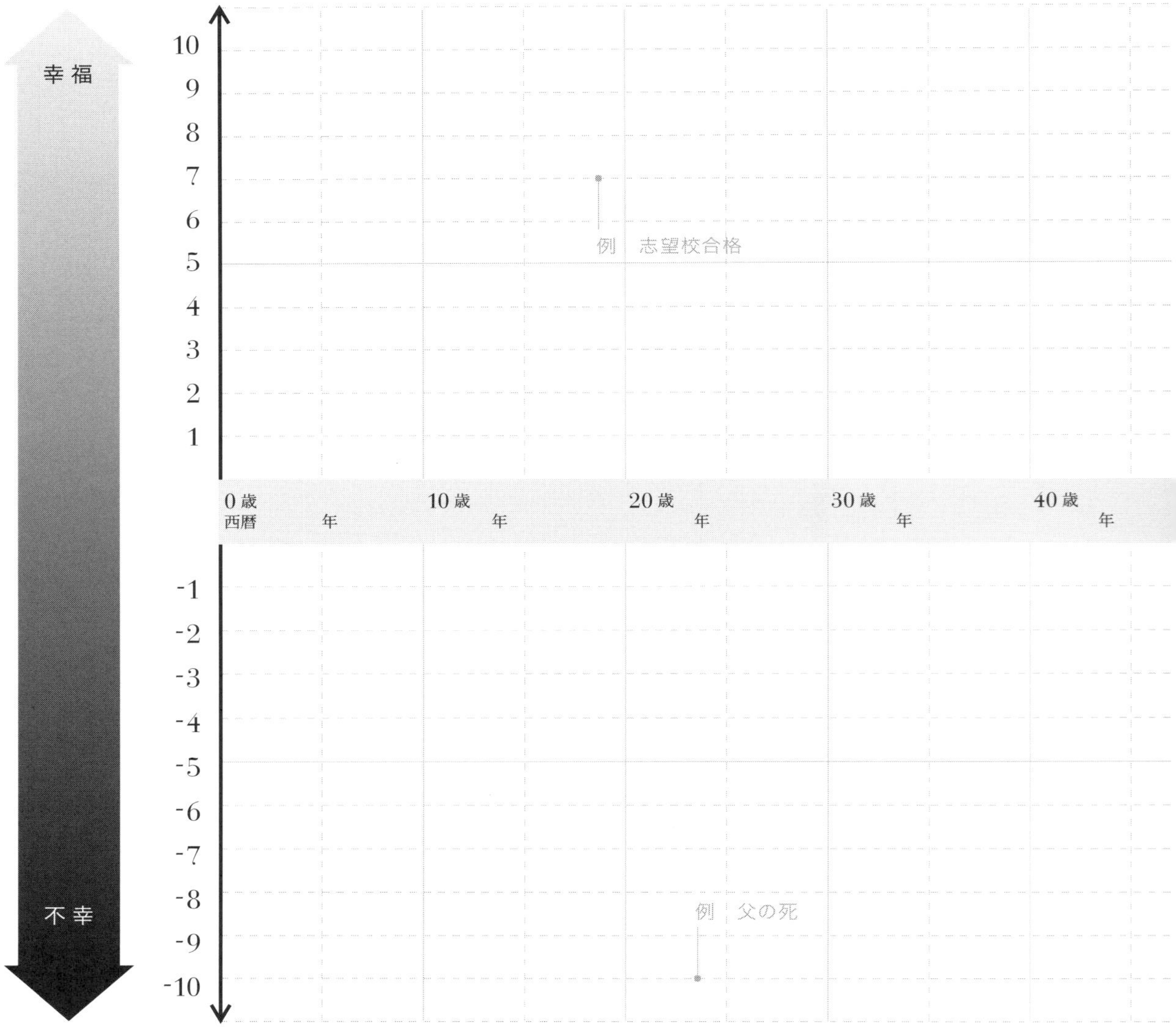

グラフの書き方

1.　0歳の下に誕生年を書き、残りの年齢の下にもそれぞれの年度を書き込む。
2.　幸福な出来事のあった年齢の上段に、幸福度の点数に応じて•印を付ける。
3.　不幸な出来事のあった年齢の下段に、不幸度の点数に応じて•印を付ける。
4.　•印の横に出来事の内容をメモし、•印とメモを増やしていく。

50歳	60歳	70歳	80歳	90歳	100歳
年	年	年	年	年	年

Memo

家系の章

家族に伝えておきたい家のこと

エンディングノートには、前の世代から次の世代に伝えていくべき内容を記録します。そうすることで、あなたが残されるご家族に伝えなければならない内容を可視化する効果もあります。

かつては、夏休み明けの学校で、休み中に聞いたご先祖さまの自慢話が飛び出したものです。セピア色の写真の前で、ご先祖さまの活躍について聞く体験を、多くの子どもたちがしていました。しかし昨今は、かつてほど家のことが伝承されなくなっていませんか。菩提寺とのお付き合いも希薄になり、家の宗教をすぐに答えられない方も増えています。

ご家族に引き継いでもらいたい事柄がある場合は、よく思い出してエンディングノートに書き留めてください。これを機に、家系図の存在しなかったご家庭では家系図を作ってみたり、あまりお付き合いのなかったご親戚のことを思い出してみても楽しいでしょう。

1 家系図

エンディングノートに記す家系図は、あなたの知っている身近な家系図で十分だと思います。大切なのは、あなたがどんな人、どんな環境に生まれ育ったのかが分かることです。ですから、まずはご自分の両親やきょうだいのことから書き始めてみてください。根気や時間のある方は、床の間に飾れるほどの立派な家系図に挑戦されてみては？

父の兄弟姉妹

夫の兄弟姉妹

父の両親

祖父

祖母

自分の両親

父

母

自分

夫

妻

母の両親

祖父

祖母

母の兄弟姉妹

妻の兄弟姉妹

先祖の調べ方

祖父母やおじ、おばまでは何とか分かっても、そこから先については分からないという場合は、亡くなった方の戸籍謄本を取り寄せてみましょう。戸籍謄本は、本籍地のある役所に請求します。郵送による取り寄せも可能です。また、菩提寺の過去帳を見せていただいたり、墓石を調べて、氏名や没年月日、続柄などを書き写す方法もあります。

おい・めい

孫

子

おい・めい

2 両親の思い出

あなたの両親について、出生地や職業、性格や外見などの特徴、あなたとの思い出やエピソードなどを書き残しましょう。このお二人の存在なくして今のあなたはありません。あなたとご両親の似ている点などを思い浮かべながら書いても面白いでしょう。

・父

生年月日　　　　　　　　（享年　　）出生地

職業

性格・外見

思い出

・母

生年月日　　　　　　　　　　　（享年　　　）出生地

職業

性格・外見

思い出

Memo

3 祖父母の思い出

あなたの祖父母について、生年月日（享年）や出生地、職業、あなたとの思い出など、知っていることを書き残しましょう。家系図を見ただけでは分からない内容を残すとよいでしょう。後に、お子さんやお孫さんにとっても大切な記録になります。

・父方祖父

生年月日　　　　　　　　（享年　　）出生地

職業

思い出

・父方祖母

生年月日　　　　　　　　（享年　　）出生地

職業

思い出

・母方祖父

生年月日 （享年 ）出生地

職業

思い出

・母方祖母

生年月日 （享年 ）出生地

職業

思い出

Memo

4 パートナーの思い出

あなたは今のパートナーとどのように出会いましたか。そのときのパートナーの外見や性格の第一印象はいかがでしたか。知り合っていくうちに、その第一印象は変化しましたか。その後のデートや結婚式、新婚旅行など大切な記念を残しておきましょう。

生年月日 （享年 ）出生地

職業

性格・外見

思い出

Memo

5 家族の思い出

大切なご家族との思い出を振り返ってみましょう。新しい家族の誕生、記念行事、家族旅行、あるいは何気ない日常…。どれも大切な思い出ばかりでしょう。それまでの人生を振り返って「○○家の10大ニュース」というふうに書き出してみても面白そうですね。

Memo

5 家族の思い出

Memo

6 家の宗教・菩提寺について

日本ではお葬式のときにだけ宗教を意識するご家庭も多く、ご家族が家の宗教を把握されていないことがあります。仏式葬儀では宗派によって形式が異なるので宗派まで記しましょう。分からない場合は墓石文字やお題目を思い出してみてください。ヒントになることがあります。

家の宗教

（仏教の場合）　　　　宗　　　　派

菩提寺の名前

（連絡先）

主な仏教宗派と墓石文字・お題目

○浄土真宗
宗祖は親鸞。墓石に「南無阿弥陀仏《なむあみだぶつ》」あるいは「倶会一処《くえいつしよ》」と刻みます。「南無阿弥陀仏」と唱えます。

○曹洞宗・臨済宗
宗祖はそれぞれ道元、栄西。墓石に「○」または「南無釈迦牟尼仏《なむしやかむにぶつ》」と刻みます。「南無釈迦牟尼仏」と唱えます。

○日蓮宗
宗祖は日蓮。墓石に「南無妙法蓮華経《なむみようほうれんげきよう》」あるいは「妙法」と刻みます。「南無妙法蓮華経」と唱えます。

○浄土宗
宗祖は法然。墓石に梵字《ぼんじ》を刻みます。「南無阿弥陀仏」と唱えます。

○天台宗
宗祖は最澄。墓石に梵字を刻みます。「南無阿弥陀仏」と唱えます。

○真言宗
宗祖は空海。墓石に梵字を刻みます。「南無《なむ》大師遍照金剛《だいしへんじようこんごう》」と唱えます。

※各宗派とも、墓石には「○○家之墓」とだけ刻まれることがあります。

7 先祖代々のお墓について

お墓は、祭祀《さいし》継承者と呼ばれる人が墓地の管理料を払い、供養を担当することで守られていきます。あなたが祭祀継承者の場合、あなたの死後もお墓を守り続けるために、合議の上で、どなたかを祭祀継承者に選ぶことになります。これは遺言書でも指名できますが、指名された人が断ることもできます。最終的に継承者が決まらなかった場合、家庭裁判所が継承者を指定することになります。ですから、生前にご家族と話し合って決めておき、その上でエンディングノートに記すのがよいでしょう。

先祖代々のお墓がある・ない

（場所または連絡先）

（埋葬されている人）

あなたが祭祀継承者の場合、引き継いでもらいたい人

8 家紋について

日常生活で用いるシーンの少ない家紋ですが、仏式葬儀では、葬儀の幕やちょうちん、喪服などに家紋を描かれることがあります。あいまいな記憶のまま用いられるケースもあるので、家紋の名前や意味など、家の情報の一つとしてエンディングノートに書いておくとよいでしょう。家紋が分からない場合は、知っている親戚に確かめるか、本家のお墓や仏壇などを調べ、写真を撮っておきましょう。最近は新たに家紋を起こす方もいるので、その場合は、なぜこの家紋にしたのか解説を添えましょう。

家紋の名前と意味

（家紋について知っている人）

（家紋が描かれている場所）

9 法要について

あなたのご両親など、あなたがどなたかの法要を行う責任者であった場合、あなたの死後も、その法要は続けられるのでしょうか。菩提寺から「法要のご案内」が来ればまだいいですが、お墓が霊園にある場合、法要の連絡がないケースも多いようです。

あなたが行っている年忌法要

（名前、あなたとの関係）

（どこまで済んでいるか）

一般的な年忌法要

1周忌	亡くなった翌年の命日	初めての年忌法要、特に重要とされる
3回忌	1周忌の翌年の命日	以降、年次は没年を含めて数える
7回忌	没後満6年目の命日	
13回忌	没後満12年目の命日	
17回忌	没後満16年目の命日	
23回忌	没後満22年目の命日	
25回忌	没後満24年目の命日	地域により行うことも
27回忌	没後満26年目の命日	
33回忌	没後満32年目の命日	一般的な弔い上げ
37回忌	没後満36年目の命日	地域により行うことも
50回忌	没後満49年目の命日	地域により、これを弔い上げとすることも

Memo

医療の章

いざというときの医療に関すること

もしものときは臨終のときばかりとは限りません。突然の病気や事故の治療や対応に役立つよう、エンディングノートにかかりつけの病院や、これまでかかった病気などについて詳しく書いておきましょう。どなたかが重病や重体のとき、そのご家族は一分のすきもなく悔いのない万全な治療を望むものです。そんなご家族の願いに応えるべく、あなたに最善の治療を施すための大変重要なページです。

また医療技術の進歩とともに、人は新たな選択を迫られるようになりました。病名や余命の告知を望むのか、もしものときに延命治療を行うのか、あなたに考えがある場合は書いておきましょう。終末期医療の希望は、遺言書に書いても死後にしか開封されないので意味がありません。ぜひ、エンディングノートを活用しましょう。あなたの考えが残されていることで、ご家族も救われることになるでしょう。

1 既往症について

既往症とは、あなたがこれまでにかかった病歴のことです。大病ばかりでなく、ささいなことも書いておきましょう。あなたにもしものときは、ご家族があなたに代わって医師にその内容を伝え、治療方針の判断に役立てられます。

年　　月　　日作成

保険証、お薬手帳の保管場所

アレルギーのある・なし　　　薬の副作用のある・なし

（その内容）

常用薬のある・なし

（その内容）

病歴（年月、内容）

手術、出産の経験（年月、内容）

現在治療中の病気、けが（年月、内容）

2 病院・医師について

かかりつけ医は、あなたの体のことを一番よく知る医師です。いざというときに適切な判断をし、必要に応じて専門医を紹介してくれたりもします。かかりつけの歯科なども、あれば書いておきましょう。また、連絡先も忘れずに記しましょう。

かかりつけの病院・医師

重篤のときに診てもらいたい病院・医師

入院中の希望（個室がいい・食べられないものがあるなど）

3 病名・余命告知の希望

最近は、どんな病気でも受け止めて戦いたいと考える方が増え、患者と治療方針を話し合うために、積極的に告知をする医師が増えています。そうすることで医師やご家族の負担は軽くなるかもしれませんが、当事者はどうでしょうか。もし告知を受け止める勇気がないなら、そう記しておきましょう。

終末期医療（ターミナルケア）や緩和医療を専門に行う施設をホスピスといいます。老衰した高齢者や末期がんの患者に対して、延命を目的とせず、身体的、精神的苦痛を軽減することに主眼が置かれた措置が取られ、医療だけでなく精神面でのケアも重視されます。そうした施設の入院を希望するなど、終末期をどのように送りたいのかも考えてみましょう。

病名の告知を希望する・希望しない

余命の告知を希望する・希望しない

余命わずかになったときの希望(会いたい人がいる・ホスピスに入りたいなど)

4 延命治療の希望

患者に死期が迫っている場合、延命治療を行うかを医師に問われることがあります。しかし、その時点では当事者が意識を失っている可能性が高く、その場合はご家族が延命治療の判断をすることになります。延命治療とは、病気の根治のためではなく、人工呼吸や生命維持装置など、延命を目的にした治療のことです。その間も医療費が掛かりますし、一度始めてしまうと簡単にはやめられません。親族間で意見が食い違うこともあり得るので、ご本人の希望を残しておくとご家族は助かるでしょう。

延命治療を希望する・希望しない・家族の意思を尊重したい

5 臓器提供・献体の希望

臓器提供には、脳死後と心停止後の2種類があり、それぞれ提供できる臓器が異なります。献体とは、医学の発展のために解剖学実習に身体を提供することです。希望する場合は、いずれもご家族の同意が必須ですので、単に希望を書くだけでなく、ご家族から理解を得ておきましょう。

臓器提供を希望する・希望しない・家族の意思を尊重したい

（意思表示カードの保管場所）

献体を希望する・希望しない・家族の意思を尊重したい

（会員証の保管場所）

登録方法

○臓器提供
脳死後の提供を希望される場合は、ご本人の書面による意思表示（意思表示カードなど）のほかに、脳死判定、ご家族の承諾、感染症やがんがないなど医学的な条件が必要になります。提供したい場合は、日本臓器移植ネットワークにインターネットによる意思登録をしたり、「意思表示カード」に署名して携帯するほか、「意思表示シール」を運転免許証や健康保険証の裏面にはる方法もあります。カードやシールは市役所や郵便局、一部のコンビニなどでも入手できます。

○献体
病気や手術のあとがあっても提供可能で、死因が明確になるメリットもあります。お葬式は通常通り行うことができ、火葬場ではなく大学に遺体が搬送されるのが違いです。希望する場合は、お住まいの都道府県にある医科大学や歯科大学、または献体篤志家団体（献体の会）に連絡し、献体登録申込書を提出して会員証をもらいます。会員証に献体先と死亡時の連絡方法が書かれているので大切に保管しましょう。臓器提供と同時登録する場合は、登録先にご相談ください。

Memo

介護の章

介護が必要になったときのこと

臨終には至らないまでも、この先、認知症などによって自分の意思を伝えられなくなる可能性は十分考えられます。認知症の発症率は、85歳以上のお年寄りの３～４人に１人ともいわれています。現実には、認知症の症状が進んでからご家族が入所施設を検討し始めるケースが多いのですが、それでは、ご自分にもご家族にも大きな負担を招くことになりかねません。ですから、あらかじめ介護について方針を決めておくことは、ご家族にとってとても助かることなのです。また、実際に介護を受けることになった際には、ご家族への遠慮からご自分の希望を言い出しにくくなる可能性もあります。

特にこの項目は、数年ごとに新たに書き直されることをお勧めいたします。介護に関する希望はそのときの健康状態やご家族の状況によって変わるのはもちろん、介護保険制度は５年ごとに見直される予定ですし、新しい施設の建設などもあるかもしれません。

1 介護をお願いする人の希望

介護をお願いする方には、肉体的、精神的、金銭的に大きな負担を負わせることになります。１人の方に負担がかかりすぎるのを防止するため、介護の分担をあらかじめ考えておくのもよいでしょう。ご家族の介護のために、やむなく離職や転職をされるという方も増えています。そこで、介護をお願いする方に、「毎月お支払いをしたい」「遺産分与で配慮したい」などの希望を残す方法があります。その場合は、支払額なども決めて書いておくとよいでしょう。

介護をお願いしたい人がいる・家族に任せたい

（介護をお願いしたい人の名前）

（介護をお願いする人への希望）

2 介護費用について

預貯金や年金など介護資金を用意してある場合は、資金を有効活用してもらうためにも、そのことを明確に記しておきましょう。特に遠距離介護をご家族にお願いする場合は、交通費も大きな負担になることを忘れないでください。その際は、ご家族の帰省費用を工面するなどの気遣いで、ご家族の負担を軽減してあげるのもよいでしょう。大手航空会社では介護（帰省）割引を導入したりもしているので、調べて工夫してみましょう。

介護資金がある・ない

（資金源）

3 介護を受ける場所・終の棲家の希望

ご自分やご家族の生活の質を維持できる場所、という観点で希望を考えるとよいでしょう。老夫婦での在宅介護はいずれ「老々介護」にたどりつきますし、認知症になった場合は介護が長期化する可能性があり、ご家族を肉体的、精神的に追い込みかねません。

できれば在宅がいい・家族と同居したい・家族に任せたい

（同居したい人の名前）

（希望する施設名・終の棲家の場所）

終の棲家探し〜高齢者住宅とは〜

高齢者住宅とは、バリアフリーなど高齢者が住みやすい環境が整っている住宅のこと。検討を始めたばかりの際は、名称や種類の複雑さに少々困惑するかもしれません。これは急激な高齢化にともない、政策が激しく移り変わってきたためです。要介護度によって入居できる住宅が異なるので、まずはさまざまな住宅について知り、選択肢の幅を広げておきましょう。

高齢者入所施設は、介護保険で受けられる介護が「施設サービス」なのか「居宅（在宅）サービス」なのかで大きく分けられます。「施設サービス」とは特定の施設に入所し、費用は日額払いのサービスです。「居宅サービス」とはサービスを利用した分だけ支払うものです。現在「施設サービス」を利用できる施設は特別養護老人ホームのほか全部で３種類。それ以外の有料老人ホームやケアハウス、高齢者専用賃貸住宅などの場合、入居一時金が発生するほか、「居宅サービス」や全額自己負担の有料サービスを利用することになります。ただし、施設が「特定施設入居者生活介護」の指定を受けている場合は、日額払いのサービスを受けられます。

最近は、施設に入所するのではなく、比較的元気な高齢者向けにバリアフリーなどが整った「高齢者向け優良賃貸住宅」の建設も増えています。高齢者が家事を分担しながら共同で暮らす「グループリビング（グループハウス）」というものもあります。

さまざまな介護施設

○「施設サービス」を利用できる施設

・介護老人福祉施設（特別養護老人ホーム）：在宅での介護が困難で、常時介護が必要な65歳以上の方が対象の施設。費用負担は軽いが、入居希望者が非常に多いです。

・介護老人保健施設（介護療養型老人保健施設）：入院治療は要らないがリハビリや看護が必要な方が対象の施設。自宅復帰を目指しているので回復すれば原則退所となります。

・介護療養型医療施設（療養病床）：療養病床のある病院などで医学的管理を受けられる施設。2012年３月末までに廃止予定。

○その他の施設例

・介護付き有料老人ホーム：施設によってサービス内容に幅があり、入居一時金は３百万円程度〜数千万円超。介護保険法の一部改正以降、特別養護老人ホームの居住費・食費が自己負担になり、両者の価格差は縮まりつつあります。トラブル回避のため、入居前に施設見学をし、重要事項説明書や財務諸表なども確認しておくとよいでしょう。

・介護付きケアハウス：比較的低価格な有料老人ホーム。在宅生活が困難な、おおむね60歳以上の自立した単身または夫婦が対象。

Memo

財産の章

財産やお金に関すること

お金の話題は、何となく切り出しにくくありませんか。そんなときこそエンディングノートの出番です。エンディングノートでは相続や遺産分割などには触れません。それは遺言書の役目です。エンディングノートに書くのは、遺言書に記録した、もしくは記録する予定の財産の目録や、生前に必要とする老後資金です。また、ペットを飼っている方は、遺言書には書けないペットの処遇についても記しておきます。

今の財産を整理した財産目録は、遺言書を作成する上で有効な資料となります。また、ご自分に万一のとき、ご家族が遺産の概要を把握しやすく、スムーズに相続手続きを行えるようになります。特に保有財産の多い方は、財産目録の作成に時間と手間がかかることでしょう。だからこそ、ある程度元気なときに作成しておいた方がよいのです。相続や遺産分割をめぐるトラブルを未然に防ぐためにもさっそく取り掛かってみましょう。

1 財産目録～正の財産（預貯金・有価証券）～

遺言書における遺産には、正と負の財産があります。財産目録の作成にあたっては、預金残高や借入金残高の分かる資料、固定資産税課税資産明細書、生命保険証券などの書類が必要になります。それらの保管場所についても記録しておきましょう。

年　　月　　日作成

預貯金

①金融機関名	口座種類	口座番号
記入時の金額	通帳の保管場所	
②金融機関名	口座種類	口座番号
記入時の金額	通帳の保管場所	
③金融機関名	口座種類	口座番号
記入時の金額	通帳の保管場所	
④金融機関名	口座種類	口座番号
記入時の金額	通帳の保管場所	
⑤金融機関名	口座種類	口座番号
記入時の金額	通帳の保管場所	
⑥金融機関名	口座種類	口座番号
記入時の金額	通帳の保管場所	

有価証券（株式・国債・社債など）

種類	証券会社名	額面金額	数量
①			
②			
③			
④			
⑤			
⑥			
⑦			
⑧			
⑨			
⑩			

現金

記入時の金額	保管場所

合計金額　円

2 財産目録～正の財産（不動産・その他）～

自宅やその他の不動産、あるいは自動車や貴金属、家財道具一式など、あなたが形成した財産について記しましょう。骨董《こっとう》品や盆栽など趣味で集めたものであっても、評価額が付けば財産に含まれますので、記載しておくとよいでしょう。

年　　月　　日作成

不動産（土地、建物など）

①不動産の種類	面積・建坪
所在地（地番）	
名義人	
②不動産の種類	面積・建坪
所在地（地番）	
名義人	
③不動産の種類	面積・建坪
所在地（地番）	
名義人	
④不動産の種類	面積・建坪
所在地（地番）	
名義人	

自動車、貴金属、美術品ほか

	品名	評価額	備考
①			
②			
③			
④			
⑤			
⑥			
⑦			
⑧			
⑨			
⑩			

貸金庫、貸倉庫

	所在地	中身	備考
①			
②			

3 財産目録〜老後資金・葬儀資金〜

万一に備えて、老後や葬儀の資金について書いておきましょう。葬儀資金のつもりの生命保険や冠婚葬祭互助会の積立金は、その存在をご家族が知らなかった場合、活用されずに無駄になってしまいます。資金を整理することで、生命保険を見直す際にも役立つでしょう。

年　月　日作成

年金

①年金の種類	金額(月額)	受取口座
基礎年金番号・証券番号		年金手帳・証券の保管場所
②年金の種類	金額(月額)	受取口座
基礎年金番号・証券番号		年金手帳・証券の保管場所
③年金の種類	金額(月額)	受取口座
基礎年金番号・証券番号		年金手帳・証券の保管場所
④年金の種類	金額(月額)	受取口座
基礎年金番号・証券番号		年金手帳・証券の保管場所
⑤年金の種類	金額(月額)	受取口座
基礎年金番号・証券番号		年金手帳・証券の保管場所
⑥年金の種類	金額(月額)	受取口座
基礎年金番号・証券番号		年金手帳・証券の保管場所

生命保険（あなたが契約者・受取人のもの）

①保険会社名	種類・証券番号	保険金額
受取人	証書の保管場所	
②保険会社名	種類・証券番号	保険金額
受取人	証書の保管場所	
③保険会社名	種類・証券番号	保険金額
受取人	証書の保管場所	
④保険会社名	種類・証券番号	保険金額
受取人	証書の保管場所	
⑤保険会社名	種類・証券番号	保険金額
受取人	証書の保管場所	
⑥保険会社名	種類・証券番号	保険金額
受取人	証書の保管場所	

冠婚葬祭互助会入会あり・なし

（入会先名と連絡先）

葬儀会員制度入会あり・なし

（入会先名と連絡先）

4 財産目録～負の財産（ローン）～

正の財産だけでなく負の財産も受け継ぐことになるのが相続です。忘れられがちな負の財産についても、必ず書き出しておきましょう。正の財産より負の財産が明らかに多いという場合は、相続人が相続放棄の手続きを取るという選択肢もあります。

年　　月　　日作成

ローン（住宅、教育、自動車ほか）

①ローンの種類	借入先	
借入金額	残額	返済方法
②ローンの種類	借入先	
借入金額	残額	返済方法
③ローンの種類	借入先	
借入金額	残額	返済方法

その他（未払い税金、預かり敷金）

合計金額　　円

5 クレジットカードについて

クレジットカードを所有している場合、あなたの死後にも支払いが残っていたら負の財産になることもありますし、会費などが引き落とされないよう、ご家族に脱会手続きをしてもらわなければなりません。お手持ちのカードと、それぞれの連絡先を記録しておくと助かるでしょう。

①カード名称	カード番号	
問い合わせ先		年会費あり・なし
②カード名称	カード番号	
問い合わせ先		年会費あり・なし
③カード名称	カード番号	
問い合わせ先		年会費あり・なし
④カード名称	カード番号	
問い合わせ先		年会費あり・なし
⑤カード名称	カード番号	
問い合わせ先		年会費あり・なし
⑥カード名称	カード番号	
問い合わせ先		年会費あり・なし
⑦カード名称	カード番号	
問い合わせ先		年会費あり・なし

6　入会団体について

組合や協会、同窓会など入会している団体がある場合、あなたが亡くなった際には、ご家族に退会届けを出してもらわなくてはなりません。またＪＡＦやインターネット、携帯電話など、年会費や月々の支払いのあるものは、すべて思い出して記しておきましょう。

	団体・社名	連絡先
①		
②		
③		
④		
⑤		
⑥		
⑦		
⑧		
⑨		
⑩		

7 ペットについて

あなたのペットは、あなたにもしものことがあったらどうなるのでしょうか。日本の法律では、ペットは相続上の財産には当たらず、法律によって、自然に誰かに相続されることはありません。そこで、次の飼い主のことを考えて記しておく必要があるでしょう。

ペットの名前

あなたの代わりに飼ってほしい人の名前

（連絡先）

そのために準備しているもの（引き継いでもらうもの、お金など）

安心してペットを託すには？

たとえエンディングノートで飼育者に指名したとしても、引き受けた人にとって、ペットの継続的な飼育は、経済的、精神的に大きな負担になります。
経済的負担を軽減するには、ペットに財産を直接相続させることはできませんが、飼育者に対して、飼育を条件にその費用として財産を相続させるという方法が可能です。
とはいえ、それは金銭面の解決であって、ペットと飼い主の信頼関係までは継承できませんから、新たな飼育者、ペットともにストレスを与えかねません。

そこで、もしものときには安心して引き取ってもらえるように、生前からペットと飼育者の間で信頼関係を作っておくことが望ましいでしょう。あるいは、生前に信頼できる方や団体にあらかじめペットの飼育を任せてしまい、ご自分は時々ペットと面会するというのも安心できる方法の一つではないでしょうか。

8 遺言書について

遺言書を残しているのか、どこにあるのか、ご家族に分かるようにしておきましょう。遺言書の開封は、葬儀が終わり、しかるべき時期をへてからになります。したがって、遺言書に臨終時や葬儀の希望を書かれても、ご希望が生かされることはないので注意しましょう。

遺言書を作成している・していない

（該当する遺言書）自筆証書遺言・公正証書遺言・秘密証書遺言

（保管場所）

（作成年月日）

遺言書に代わるメッセージ

遺言書の見本

遺言書

遺言者は妻○○（生年月日）に保有する一切の財産を相続させる。

平成○年○月○日

遺言者○○○○○　押印

日付、署名、押印を忘れずに。
書き終わったら封筒に入れて
封印しましょう！

遺言書の豆知識

○遺言書を残した方がよいケース
遺言書は、法定相続人以外に相続させたり、法定相続分とは異なる配分をしたい場合に有効です。また、相続人が複数いたり、遺産の種類や数量が多い場合にも残すとよいでしょう。さらに、子どものいない夫婦でそれぞれの兄弟が相続する場合、再婚しており前妻と後妻それぞれに子どもがいる場合なども、トラブル回避のために遺言書があるとよいでしょう。独身で身寄りがない場合は、遺言書がなければ、財産は国庫に帰属してしまいます。

○遺言書の種類
「自筆証書遺言」は自筆で全文、作成年月日、署名を書いて押印する遺言書。すべて自筆が条件で、パソコンなどを使用しても無効になり、開封の際に家庭裁判所の検認が必要です。「公正証書遺言」は２人以上の証人とともに公証役場にて内容を伝え、公証人が作成する遺言書。作成費用が掛かりますが、最も安全かつ確実な方法です。「秘密証書遺言」は、公証役場にて自分で作成する遺言書。内容を秘密にしたい場合に用いますが、形式不備がないか注意が必要です。

Memo

葬送の章

お葬式のこと

お葬式に関するあなたの希望を書いてみましょう。それぞれの選択肢において判断を迫られるご家族の助けにもなります。お葬式はさまざまな方法で自分らしさを反映できる場ではあるものの、お葬式にはさまざまな制約や地域の慣わしがあり、ご希望通りにならないケースも多々あります。「家族にお布施の金銭的負担を掛けたくないので、菩提寺に連絡せずにお葬式をしたい」とエンディングノートに記して、それを実行したところ、菩提寺への納骨が難しくなったという例もあります。そうなってしまっては、ご家族に新たな面倒を残すだけです。ご希望のある方は葬儀社と打ち合わせをされるなど、実現可能か、あらかじめ調べておきましょう。

この章は項目が多いですが、ポイントは「形式」「規模」「場所」「内容」の四つです。あまり知られていない「内容」については詳細な項目も立てましたので、じっくり検討してみてはいかがでしょうか。

ご臨終から納骨までの流れ20のポイント

あなたが旅立ったとき。あなたのご家族がしなくてはならないことは非常に多くあります。その流れをあらかじめ示しておくことが、悲しみの中で混乱するご家族の助けになることでしょう。

1死亡診断書をもらう

およそ8割の方が病院で亡くなるといわれています。医師が臨終に立ち会った場合には、死亡診断書が発行されます。これは、納骨までの流れの中で、最初に必要になる書類です。一方、かかりつけ医師がなく、病院以外の場所で亡くなられた場合は、警察の立ち会いの下、監察医の検案を受け死体検案書を発行してもらいます。これが、死亡診断書の代わりになります。

2搬送業者(葬儀社)を決める

ご遺体を安置する場所まで搬送してくれる業者を決めます。葬儀の準備をしていない場合は、病院が提供してくれるリストや電話帳で葬儀社を探します。搬送を頼んだ葬儀社に、引き続きお葬式も依頼できますが、搬送だけを依頼することも可能です。

3ご遺体を安置する

住宅事情や病人がいるなどの事情から、自宅ではなく、葬儀式場の霊安室や葬儀社にご遺体の一時保管を頼む方法もあります。ただし、焼香ができなかったり、ご家族が一緒にいることができないなど、施設の条件はさまざまなので注意しましょう。この時点で、慌てて皆さまに訃報を伝えてしまいそうですが、葬儀について相談したい方以外には、葬儀の場所と日程が決まってから連絡するようにしましょう。

4菩提寺に連絡する

場所や日程を決める前に、菩提寺に連絡し、都合の良い日を伺っておきます。この際にはお布施などの細かい話はせず、後日あらためて連絡するとよいでしょう。菩提寺がない場合、葬儀社から僧侶を紹介してもらうこともできます。

5日程を決めて訃報を伝える

自宅以外で葬儀を行う場合、葬儀社に葬儀の規模や内容などの希望を伝えると、希望に合った式場と火葬場の状況を確認してもらえます。式場の空きと僧侶の都合の合う日に予約を入れ、葬儀の場所と日時が確定します。この際、優先されるのは僧侶の都合です。葬儀社に僧侶を紹介してもらう場合には、式場を優先して決めることもできます。葬儀の場所と日程が決まった時点で、皆さまと菩提寺に連絡しましょう。

6葬儀の打ち合わせをする

予算に限りがある場合、葬儀社に相談して予算内の葬儀を組み立てることも可能です。料理や返礼品の内容について希望のある場合、接待費に大きく影響することがあるので注意しましょう。飾り付けや祭壇に希望がある場合も、このときに伝えましょう。

7手伝いを依頼する

最近は、葬儀の手伝いも葬儀社に依頼できますが、通常はあまり頼みません。弔問客や会葬者の人数を想定し、地域の方や仕事関係者などのうち、参列者が多いと思われる関係筋にお願いすると、受付の対応がスムーズです。

8遺影を決める

ネガは不要ですが、ある程度の顔の大きさが必要です。闘病中のものではなく、できるだけ普段の姿に近いものがよいでしょう。

9死亡届を提出する

死亡届は、死後7日以内に提出しなければなりません。死亡診断書はそのまま死亡届の書式になっていますので、医師の記名と印を確認して、遺族の記入欄を記入します。市町村役場に死亡届を提出すると、火葬許可証が交付されます。ご遺族が忙しい場合、葬儀社が届出を代行してくれる場合もあります。

10料理・礼状の数を確認する

お通夜の前日に、弔問客や会葬者の数を今一度確認します。葬儀社は、想定人数を基に通夜料理や礼状を準備します。当初の予想よりも参列者が多くなりそうなら、葬儀社にそう伝えましょう。参列者に失礼のない万全の体制を整えてくれます。

11通夜の儀を行う

少なくとも1時間から1時間半前には式場に到着し、手伝いの方や僧侶とのあいさつを済ませてから、通夜に臨みます。定刻より僧侶の読経の中で焼香を行い、通夜の儀を行います。弔問客には飲み物や料理でもてなし、故人と最後の夜を過ごしてもらいます。

<精算について>

○葬儀社が通夜料理などの支払いを立て替えて、葬儀後にまとめて請求されることがあります。金額があいまいにならないよう、その都度、数量・金額や伝票の受領を確認しておきましょう。信頼できるご親戚に、担当をお願いしてもよいでしょう。

○タクシー代や飲食費、備品の購入など、思わぬ出費が発生することがありますが、紛失の恐れがあるので、大金を持参するのはやめましょう。

12お通夜のお守りをする

弔問客が帰った後、遺族と一部の親族で、通夜のお守りをします。通夜では「寝ずの番をする」「線香を絶やしてはならない」などといわれますが、最近では、一晩持つ巻き線香を利用することもあります。通夜のお守りが禁止されている式場の場合は、気持ちを切り替えて、翌日の葬儀のために体を休めましょう。自宅に帰り、故人の写真の前で一晩を過ごしてもよいでしょう。

<お葬式前夜の確認事項>

○遺族・親族の人数
（車両台数、料理の数に関わります）
○車両の乗車リスト
○副葬品
○弔電の確認と抜粋
○あいさつ文

13葬儀・告別式を行う

少なくとも1時間前には式場に到着し、手伝いの方や僧侶にあいさつを済ませてから、葬儀に臨みます。葬儀式では、僧侶の読経の中で会葬者が順に焼香をします。弔辞や弔電の披露もできますので、前夜のうちに読み上げるものを決めておきましょう。告別式では、ひつぎのふたが開けられ、生花を収めながらお別れをします。故人のお体の状態など特別の事情がない限り、参列者の皆さまにお別れをしてもらいます。

14喪主のあいさつをする

出棺の前に、喪主が遺族・親族を代表してあいさつをします。遺族・親族の代表が行うこともあります。故人に代わり、お世話になった方々に、お礼や惜別の言葉を述べます。長期入院の末に亡くなられた場合は、その経過をお話してもよいでしょう。故人の亡き後も引き続きお付き合いをお願いする言葉で結びます。

15火葬を行う

火葬場へはマイクロバスやハイヤーなどで移動します。移動中のトラブルを避けるため、自家用車はお勧めしません。火葬場の職員の案内で、釜入れの見送りから収骨までを行いますが、立ち会い人の数が制限されている火葬場もあるので注意しましょう。火葬許可証の提出が必要ですが、葬儀社に預けておけば、手続きを代行してもらえます。

＜収骨容器について＞

希望する骨つぼがある場合、あらかじめ葬儀社に伝えておきましょう。火葬場の規定によって希望がかなわなくても、後日移し替えることも可能です。分骨を希望する場合も、このときに伝えましょう。

16初七日供養をする

火葬場から帰ると、繰り上げ初七日供養を行います。本来は、亡くなってから七日後に行われるものですが、遠方からの参列者を配慮し、葬儀当日に営まれることが多いです。初七日供養の後は、精進落としの会食を行います。読経、焼香、お膳着席、遺族のあいさつ、献杯の流れで進みます。精進落としとは、四十九日法要後に精進料理から通常の料理に戻すことを指しますが、精進料理にこだわらない現代では、葬儀当日に行われています。本来は僧侶やご親戚が上座で、遺族が末席に着くものですが、ご親戚から上座を勧められることがあります。その際は、遺族のあいさつの中で上座に座る失礼をわびると丁寧です。

＜お布施の金額と渡すタイミング＞

一般的に、お布施に決まりはないので、迷う場合は、菩提寺に率直に伺うとよいでしょう。実際は、檀家との相談の上で、あらかじめ決められているケースも多いようです。

17自宅に遺骨を安置する

精進落としも無事終了して、ご遺骨は自宅に帰ります。骨飾りといわれる安置台を用意して、遺影、白木の位牌とともに、ご遺骨を安置します。供養として朝晩にお線香を上げます。四十九日までは弔問客も続きますので、お花を飾り、供物をして、きれいにしておきます。家族葬などで訃報を限定された場合は、葬儀後、自宅に大勢の弔問客が来ることが予想されます。

18お墓・仏壇・位牌《いはい》を用意する

四十九日法要の当日に納骨する場合、生前にお墓を準備していないと、葬儀後の数日間忙しくなります。お墓に関しては、場所の希望など、家族でよく相談し、実際に霊園に足を運んでみましょう。すでにあるお墓に入る場合も、四十九日法要の日を決めて、お墓の管理者やご親戚などに連絡し、早めに段取りをしましょう。仏壇と位牌も、この時期に手配します。位牌は四十九日法要に必要です。受注制作なので、早めに仏具店を訪ねたほうがよいでしょう。

19香典返しや諸手続きを手配する

香典返しは、通常は四十九日法要の当日に届くように手配します。そのほか、この時期に行うべき諸手続きがあります。これは人によって違います。下記はその一例なので、自分で調べて申告漏れのないようにしましょう。

<必要な手続きの例>

○公共料金などの名義を変更する
○生命保険の給付金を申請する
○加入健保に埋葬料を請求する
○遺族年金を請求する
○医療費控除を申請する
○高額療養費を申請する
○各種会員を退会する
○クレジットカードを解約する

20四十九日法要・納骨をする

四十九法要の際に、新しく作った位牌の魂入れを行い、同時に納骨をします。納骨を四十九日法要の当日に行うことは決まりではありませんが、四十九日の忌明けに合わせて行うことで、一つの区切りを付けるという意味があるようです。その場合、自宅か納骨先の霊園で法要を行い、白木の位牌を菩提寺に収めます。納骨の手数料は、霊園管理者にあらかじめ確認しておきましょう。その後、会食の席を設けますが、霊園備え付けの施設を利用すると便利です。少人数なら、故人の好きだったレストランで会食するのもよいでしょう。お墓の用意がまだの場合、百か日、一周忌や三回忌をめどに納骨することも一般に行なわれております。

1 お葬式資金について

あなたがお葬式のために用意している資金があれば、ここに書いておきましょう。また、「自分の預貯金でまかなってほしい」「可能な限り低予算で行ってほしい」など、お葬式費用に対する考え方も記しておくとよいでしょう。

お葬式用の生命保険加入あり・なし

冠婚葬祭互助会入会あり・なし　　葬儀会員制度入会あり・なし

生前見積あり・なし　　生前予約あり・なし

（契約先名と連絡先）

お葬式費用の考え方

お葬式に掛かる4つの費用

平成19年の日本消費者協会の調査によれば、葬儀の全国平均費用は約231万円です。これだけ聞くと、お葬式には巨額の資金がいると思われるかもしれませんが、実は一つ一つの経費を見直すことで予算を抑えられます。その内訳を見ると、葬儀・火葬関係費用の平均は約142万円で、飲食接待費用の平均が約40万円、宗教家に掛かる経費の平均が約55万円となっています。また、誰もがこれだけのお金を支払っているかというと、最近は葬儀の小規模化が進み、火葬のみ行う直葬なら10万円台の予算で済むこともあります。

①葬儀関係費用
式場使用料、葬儀セット代など
②飲食接待費用
料理、返礼品代など
③火葬関係費用
火葬料、休憩室使用料、収骨容器代、霊柩車代、マイクロバス・ハイヤー代など
④その他の費用
僧侶や宗教家に掛かる経費（お勤め代、戒名料など）
※費用の内訳はそれぞれの平均値で、合計すると全国平均費用の金額を超過します。

2 お葬式の形式の希望

自分のお葬式に希望を出す上でまず考えていただきたいのは、「お葬式の形」です。仏式を選ばれる場合は宗派まで記すことを忘れないでください。無宗教葬を選ばれる場合は、お葬式の内容の希望のページに具体的な内容を書いておくとよいでしょう。

仏式・神式・キリスト教式・無宗教葬・その他

（宗派、宗教団体名）

お葬式の形式の種類

○仏式
宗派によって違いがありますが、焼香の手順はほぼ同じです。僧侶の読経が流れる中で焼香が順に行われ、後に僧侶の法話を聞くこともあります。

○神式
神葬祭といって、通夜を「通夜祭」、告別式を「葬場祭《そうじょうさい》」と呼びます。神官が進行を行い、焼香に代わって玉ぐしの奉奠《ほうてん》という儀式が行われます。

○キリスト教式
神父や牧師の進行で祈りや賛美歌が捧げられ献花式が行われます。教会ごとに形式が異なるので、通っている教会に相談するとよいでしょう。

○その他の宗教
宗教教団によって各教団式の葬儀を行うケースがあります。

○無宗教葬
仏教やキリスト教などの宗教色を除いた葬儀。決まった式次第はなく、故人にゆかりのある音楽を流したり、お別れの言葉を述べたりしながら式が進行します。読経や焼香の代わりに献花が用いられることが多いです。

3 お葬式に呼ぶ人の希望
(お葬式の規模の希望)

葬儀の規模を決める最大の要因は、ご自分やご家族の社会での活躍度合いです。そこで、関わりのある方の人数を数えておきましょう。お葬式は事前に出欠を取れないので、訃報連絡をしないで人数を制限することもできますが、後に不満が出ることもあるので慎重に考えましょう。

	訃報連絡	人数
家族	する・しない	名
親戚	する・しない	名
知人・友人	する・しない	名
地域の方	する・しない	名
仕事関係者	する・しない	名
家族の仕事関係者	する・しない	名
	する・しない	名
合計		名

訃報を知らせる範囲（人数）と葬儀の目安

必ず訃報を知らせてほしい方（名前と連絡先）

葬儀後に訃報を知らせてほしい方（名前と連絡先）

規模別に見た葬儀の種類

○直葬といわれる葬儀
葬儀式を伴わないで火葬にされる葬儀のことです。病院などから直接火葬場や霊安施設に安置されることから、直葬と呼ばれているようです。短い時間で火葬にされてしまうので、ご家族の意思を確認しておく必要があります。

○密葬・家族葬
厳密には別のものですが、現在では訃報を制限した葬儀をこう呼びます。小規模なので、結果として経済的な効果も得られるでしょう。参列者の接待や時間の制約にとらわれることが少なく、プログラムの自由度が高いです。

○一般葬
家族葬が登場してからこう呼ばれるようになりましたが、これが従来型の葬儀です。時間の経過や、参列者から与えられる癒やしの効果がある半面、参列者の人数を把握しづらく、予算を立てにくいという短点もあります。

○社葬
故人の功績や貢献を称えて企業が施主となって行われる葬儀のことです。密葬後の本葬として行う葬儀、ご遺体を伴う葬儀、予算から人的手配まで会社が大きく関わる葬儀など、社葬のあり方も多様化しています。

4 お葬式の場所の希望

まずは自宅か自宅以外かを決めましょう。斎場を使う場合は、参列者の人数のほかに交通の便なども考慮します。現在は、約6割の葬儀が「斎場」で、次に「寺院・教会（15.6％）」、「自宅（12.7％）」、「集会所（5.1％）」で行われています（日本消費者協会平成19年報告書）。

自宅・寺院・教会・斎場・その他（　　　　　　　　　　　　　）

（斎場選びで重視したいこと）自宅からの近さ・交通便の良さ

・費用の安さ

（希望する斎場名と連絡先）

お葬式会場の種類

○公営の斎場
公営の火葬場に併設または隣接するケースが増えています。民間の四分の一から六分の一ともいわれるほど費用を抑えられますが、安さゆえに人が集まって順番待ちになったり、式場の規模や交通の利便性など、すべての条件をかなえるのは難しいでしょう。

○民間の斎場
寺の運営によるものか、葬儀社直営の式場が大半。葬儀社直営の場合、運営母体以外の葬儀社を利用することは難しいです。料理業者や花屋が運営する式場もありますが、提供サービスが、それぞれの会社の商品に限定されることが多いです。

○寺院や教会、自宅
急ごしらえの式場として利用されることがありますが、メーンの式場、控室、清め場所、駐車場、講堂の使用許可など、解決しなければならない問題が多々あります。

○集会所や公民館
以前は行事より葬儀優先で使用されていましたが、近年は葬儀目的の利用は減っています。

5 安置する場所の希望

病院で亡くなった場合、病院の霊安室は死亡診断後、自宅に搬送されるまでの一時預かり所ですので、いつまでもいられません。そのため、お通夜を迎えるまでの期間、ご遺体をどこに安置するのかは、ご遺族にとって大変深刻な問題です。

自宅・斎場・その他（　　　　　　　　　　　　　　　　　　　　　　　　）

安置場所の問題

「すぐに火葬にするから安置場所はいらない」とお考えの方はいらっしゃいませんか。しかし、法律上、死亡診断から24時間は火葬にすることができません。さらに、火葬場の稼働状況によって、数日の安置が必要になる場合もありますので、安置場所は必ず要ります。火葬場によっては、ご遺体の安置場所が用意されている施設もありますので、希望される方は調べてみてもよいでしょう。

また、自宅にペットや小さな子どもがいる、自宅で闘病中の方が休んでいる、居住空間が狭いなど、近年は、自宅にご遺体の安置場所を作れないケースが増えています。マンションなど共同住宅の事情により、自宅安置のご希望に添えない場合もありますので、注意が必要です。

いずれのケースにおいても、ご遺体の搬送について、葬儀社に事前に相談しておくと安心できるでしょう。

自宅に搬送する場合、安置する部屋を決め、普段使っていた布団を用意します。葬儀社が北枕、あるいは西枕でご遺体を安置してくれます。安置後、枕飾りといわれる焼香道具がセットされます。

6 お葬式の内容の希望

次のページからは、お葬式での自分だけのこだわりを記すページです。希望される内容があれば書き込んでいきましょう。

詩吟がお好きな方なら、詩吟を読経の代わりにするのはいかがでしょうか。あるいは、合唱サークル仲間にお葬式を盛り上げてもらうといった方法もあります。あまり難しく考えなくても、祭壇そのものが表現の場として大変適しているので、最初は祭壇周りから希望を考えるとよいかもしれません。自分らしい笑顔の遺影写真を選んでみたり、祭壇をお好きな色で飾ったり、お好きな風景をデザインするといったことはいかがでしょうか。

もちろん希望を実現させるには、葬儀社との事前相談が前提です。式場の制限や菩提寺の決まりなど、希望通りにならないこともありますが、何らかの形で希望は生かされますので、葬儀社に積極的に相談しましょう。

お葬式のこだわりの一例

○プロデュース葬
趣味や仕事を生かしたお葬式のこと。故人が著名なオーケストラ指揮者だったら、音楽葬にするといった方法です。通夜では、コンサート会場にいるような壮大な音楽の夕べを催し、告別式では、故人のひつぎの横に譜面台とタクトを置き、会葬者は順番に準備した楽器に触れるといった演出も可能です。

○着衣のディスプレー
プロデュース葬とまではいかなくても、お召し物に故人の特徴が見られるケースでは、愛用していた着衣をディスプレーする方法があります。ご遺体に無理のない形で着替えたり、ひつぎの上にお召し物を広げて参列者に見ていただくこともできます。祭壇の横や式場入口に着衣を展示する方法もよく用いられています。

○展示コーナー
故人の写真や愛用品、趣味の作品などを飾り、会葬者に見ていただくコーナーを設けてみてはいかがですか。専門スタッフがディスプレーしてくれる場合もあります。最近の葬儀では、このようなコーナーを作るケースが増えています。

7 内容～喪主の希望～

喪主は、一般的には配偶者や長男が多いですが、故人とのつながりが深い二男や娘さんが務めるケースもあります。また、施主や祭祀《さいし》継承者と同一である必要はありません。喪主は弔問や会葬を受ける代表者、施主は金銭面で負担をする方、祭祀継承者はお墓を引き継ぐ方のことです。

喪主をお願いしたい人の名前

施主をお願いしたい人の名前

喪主と施主の違い

○喪主
一般的には、亡くなった故人に代わって、弔問客や会葬者にあいさつをすることが望ましいと思われる方が務めます。故人が家長の場合は、直系の子である長男が務めるケースが多いです。子の年齢によっては、配偶者、あるいは子の後見人が務めることもあります。家長以外が亡くなったケースでは、ほぼ間違いなく一家のあるじである家長が喪主を務めることになります。

○施主
建築でも施主というように、お葬式を葬儀社に依頼して取り仕切る一方で、葬儀請負契約の契約者で、葬儀費用の支払いをする人のことです。喪主と施主は同じ人でも構いませんし、年老いた親が喪主で息子が施主というケース、その逆のケースもあります。会葬礼状ではそれぞれの社会的地位によって喪主と施主が併記されることがあります。

8 内容～祭壇の希望～

祭壇はお葬式の象徴ですから、できるだけご自分を思い出してもらえるものがいいですね。葬儀社が提案する葬儀セットは祭壇と備品代、人件費がセットであることが多く、祭壇にこだわりたい場合は葬儀社への事前相談が必要です。演出の参考になるので、好きな色や花も記しましょう。

白木祭壇・生花祭壇（生花祭壇充当方式）・デザイン祭壇

（具体的なデザイン）

好きな色

好きな花

祭壇の種類

○白木祭壇
仏式葬儀に多く用いられる伝統的な祭壇。昨今の生花祭壇の人気上昇で、白木祭壇の価格が見直されています。しかし、大型になると設営費がふくらむため、選ばれることは少なくなります。

○生花祭壇
生花で構成する祭壇のこと。コストを抑えるため、決まったデザインを用いることが多いものの、生花である点では唯一無二の祭壇といえます。大型式場でのサイズ拡張や、デザインの融通性が高いのがメリット。

○デザイン祭壇
生花祭壇の進化した形。ハート型を作ったり、渓谷の形にして愛用の釣りざおをディスプレーするなど、さまざまな工夫ができます。

○生花充当祭壇
本来供花としていただく代金を生花祭壇に充たものです。ご遺族の負担が軽減しますが、主に大型祭壇に適用されるので、予め葬儀社と相談する必要があります。ご不幸を知らせる訃報用紙に供花の受付窓口を明記するなどして、供花の受付を一元化します。供花依頼者のお名前は式場に芳名板を掲げます。

9 内容〜ひつぎの希望〜

生前にご自分でひつぎを選ばれる方は珍しいのですが、それは、ひつぎに関する情報があまりに少ないことに起因するのでしょう。お別れに集う方々が、安置された故人と面談する際に目にするひつぎにこそ、自分らしさが見える工夫があってもよいのかもしれません。

木製棺・布張り棺・エコ棺

その他の希望

ひつぎの種類

○木製棺（白木棺・彫刻棺など）
白木、桐、もみ、ひのきなど材質を選べ、一般的な箱型の平棺だけでなく、彫刻を施したタイプ、化粧合板を利用したプリントひつぎなどもあります。

○布張り棺
黒や白など光沢のあるきらびやかな布を表面に施したひつぎ。生花祭壇とよくマッチし、祭壇と総合的に判断するとよいでしょう。

○エコ棺
森林資源を有効活用し焼却時のエネルギーの削減と有害ガスの低減を実現した棺です。

○ひつぎの一工夫
何ら変哲のない白木棺でもアイデア次第でオリジナルのひつぎに。ひつぎにご自分の言葉を代筆してもらい、お別れの皆さまへメッセージを残したり、通夜中に、ひつぎをメッセージボードに見立ててご家族にご自分へのメッセージを書いてもらうのもすてきです。

○ひつぎの価格
価格は葬儀社によって異なるので何件か調べてみるとよいでしょう。ひつぎは葬儀セットに含まれていることが多いのですが、差額を支払えば変更できることもあります。

10 内容～遺影の希望～

遺影は祭壇の中央に安置され、参列者は遺影のお顔を拝して合掌します。さらに、お葬式はほんの数日のことですが、遺影は葬儀後に自宅に帰り、忌明けの法要後はリボンを外され、ご家族と共に暮らすことになります。ぜひ、これはと思う写真をご自分で選んでおきましょう。

遺影に使ってほしい写真がある・ない

（保管場所）

その他の希望（用意した写真の中から選んでほしいなど）

遺影写真の選び方

○ピントの合った顔の大きいもの
遺影を作成するための写真原本にはネガが必要だと思われている方が多いようですが、そんなことはありません。ネガやデジタルデータがなくても、顔の部分にピントの合った写真があれば十分です。ただし、顔の大きさは、できるだけ大きいものがよいです。あまり小さすぎると引き延ばしにも限界があります。目安は、顔が、親指の爪の大きさよりも大きいことです。

○自分らしい写真
ご遺族が写真を選ばれる場合、最近の写真の中から持って来られることがあります。しかし、遺影写真としては、ご家族にとって思い出深いお顔の方がふさわしいのではないでしょうか。お年を召してからの写真や長期入院中の写真は、最近の様子をしのぶことはできても、あなたらしい姿とはいえません。ご家族に一番見せたいお顔、快心の笑顔の１枚を、ぜひあなた自身が選んでみてください。

11　内容～ＢＧＭの希望～

お葬式で音楽はとても頼りになります。好きなＣＤや弦楽四重奏の生演奏を流したり、自作の曲や好きな曲の入ったＣＤを会葬御礼にするのもよいでしょう。ただし選曲の際には繰り返し聞き、葬儀担当者にも相談しましょう。好きな曲が必ずしも葬儀のシーンに合うとは限りません。

式場で流してほしい曲がある・ない

（曲名）

（選曲の理由）

その他の希望（音楽葬にしたいなど）

音楽の工夫

○ＢＧＭに選ばれる曲
クラシックから洋楽、Ｊポップ、演歌など、さまざまなジャンルの曲を用いることができます。厳かなクラシック、「ふるさと」や「赤とんぼ」などの童謡や唱歌、讃美歌、出身校の校歌などが選ばれることが多いです。

○仏式・キリスト教式葬儀の場合
ご僧侶のお勤めの邪魔にならないよう、開式前や出棺時に音楽を流したり、弔電披露の場でＢＧＭとして利用することが可能でしょう。キリスト教式では、式次第の中で賛美歌が歌われます。

○無宗教葬の場合
好きな音楽だけで葬儀を組み立てる音楽葬も行えます。あなたの経歴を披露する際に、あなたの選んだ音楽の調べを聞いてもらったり、あなたの選んだ歌の歌詞をかみしめながら献花をしてもらうといった方法が考えられます。その場合は、選曲理由も説明できると、参列者があなたを思い出す一助になるでしょう。事前に歌詞カードを配り、参列者に一緒に歌ってもらうというのも楽しそうです。

12 内容～湯灌《ゆかん》・納棺の希望～

映画『おくりびと』のヒット以降、注目されるようになりました。湯灌とは、ご遺体をご家族がふいて清める古くからある儀式のことです。これを行うことでお体がさっぱりし、特に闘病生活の長かった方や女性の方は美しく健康的な姿を取り戻せます。希望する場合、お通夜までに行います。

湯灌や家族による納棺をしてほしい・家族に任せたい

1 湯灌の儀の口上

係員の口上で厳粛な儀式が始まります。

2 逆さ水の儀

ご家族が交替で、足元から胸元へと清めの水をかけていきます。

3 ご洗髪・ご洗体

係員がご遺体を洗浄槽に入れ、シャンプーやひげそり、つめ切り、ボディシャンプーなどを行います。

4 着付け・美容

旅装束、またはご希望の衣装に着替え、こけたほほに綿を詰めたりクリームでつやのある肌に整え、薄化粧を施します。

5 納棺の儀

ご家族でご遺体をひつぎに納め、副葬品を入れてふたを閉じます。

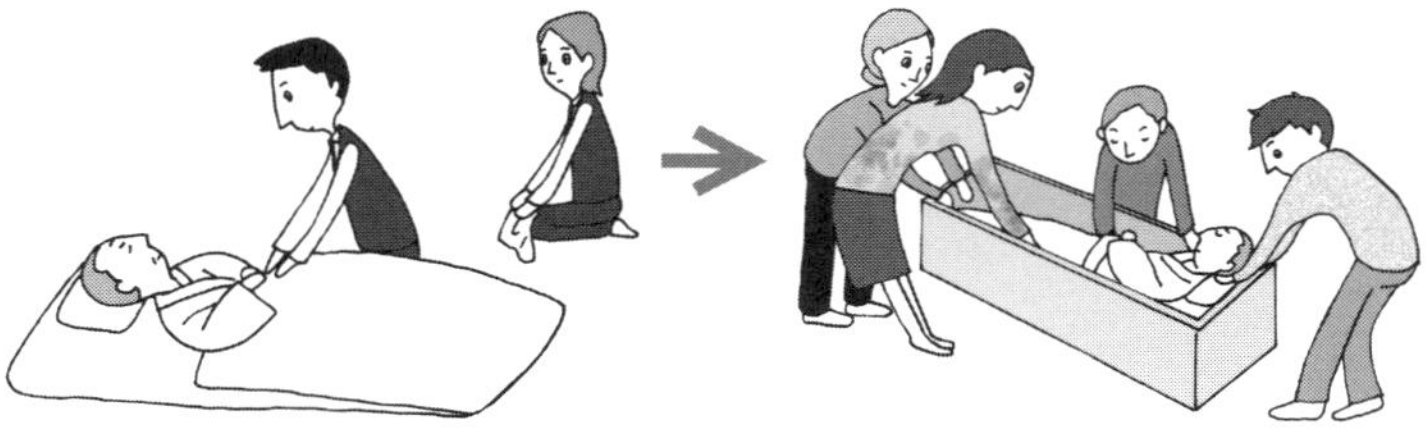

※一連の作業は、バスタオルなどをかけて行われるので、お肌が見える心配はありません。途中で衛生処置も施され、まるで眠っているかのような姿になります。

13 内容～副葬品の希望～

ひつぎの中に入れてほしいものを書きましょう。生花や手紙、写真、生活必需品などがお勧めです。ただし、ひつぎの中を副葬品でいっぱいにするのは好ましくありません。火葬時間が長引き、遺骨が損傷する可能性もあります。愛用品の処理には形見分けを利用するようにしましょう。

ひつぎに入れてほしいもの

火葬炉の損傷やダイオキシン問題に伴う副葬品の制限

○ゴルフクラブ・釣りざお・硬貨・ビン類
金属や陶器、ガラス製品などの燃えないものは火葬炉を傷めるため絶対に入れられません。
○プラスチックなどの樹脂
溶けて遺骨に付着することがあるので入れられません。
○大きな木片・厚い書籍・布団
燃焼時間が長引き、燃え残ることも考えられので、できるだけ控えましょう。
○水分の多い果物・ペットボトル飲料
燃焼の邪魔になるため入れられません。
○めがね・入れ歯・義手義足
生活必需品ではあるが、副葬品としてひつぎには入れられないので、火葬後、納骨までの間、骨つぼに入れておくとよいでしょう。
○心臓ペースメーカー
火葬中に爆発する恐れがあるので、装着している場合は事前に取り除きましょう。

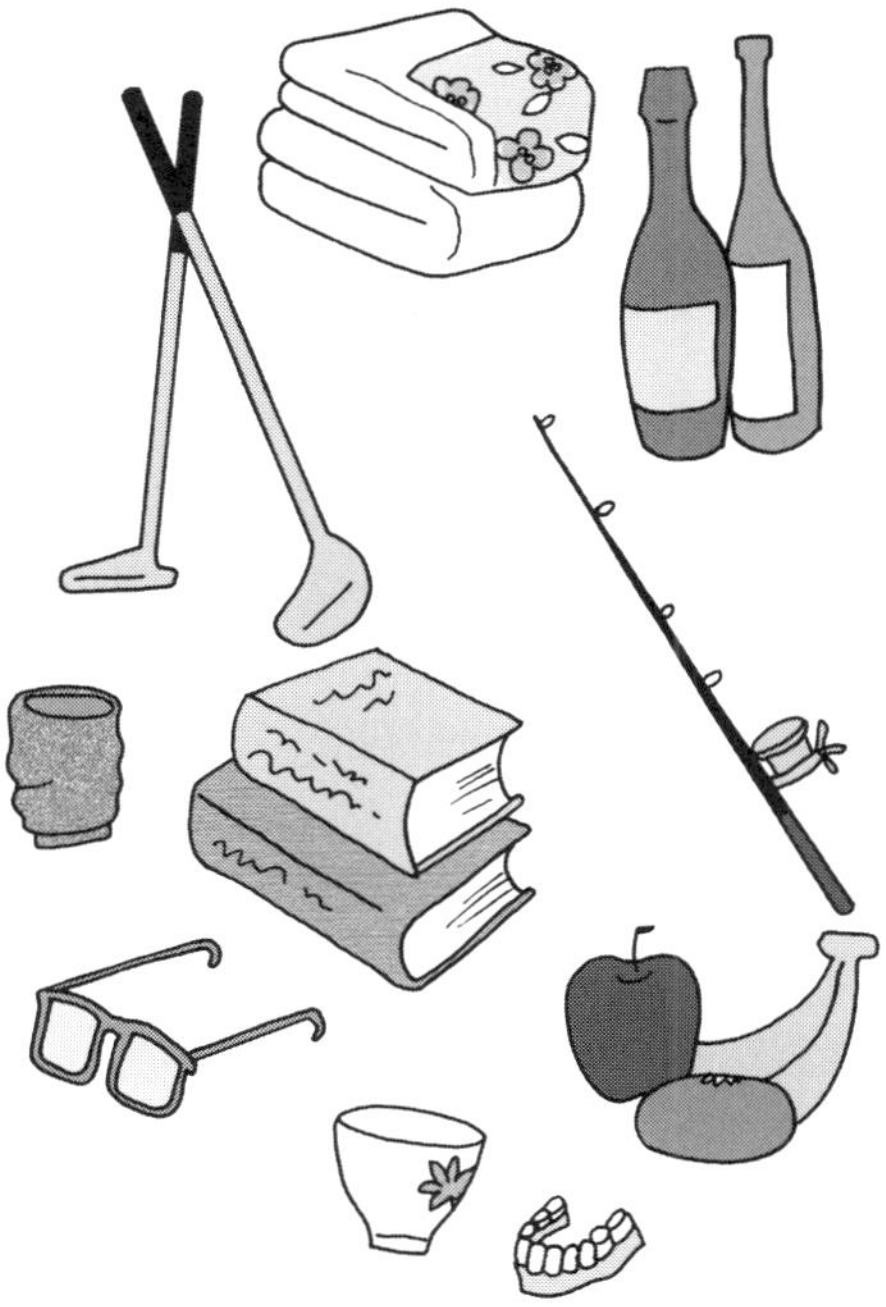

14 内容～通夜料理の希望～

通夜を寝ずの番といい、一晩中故人を囲み、夜を明かした時代もありましたが、現代では弔問客への接待の場となっています。お通夜では、テーブルにすしや煮物、揚げ物などが並び、ビールやお酒でもてなし、「故人への供養として、この席では故人についてお話しください」と案内されます。おそらく、この場を最後に、ゆかりの人々が一堂に会することはなくなり、文字通りに最後の会食となることでしょう。

そこで、ご自分の考えた料理やお酒をテーブルに並べるのはいかがでしょうか。あなたの好物が並んだテーブルですから、あなたの思い出話に花が咲くことでしょう。もちろん、弔問客が多い場合は、すべての料理をオリジナルにするのは難しいでしょうし、出費もかさみます。そこで、「自分の好物を一品入れてほしい」とか、「自分の好きなワインを出してほしい」などの希望を出してみてはいかがでしょうか。

希望する料理がある・ない

（具体的な希望）

15 内容～霊柩車の希望～

戦後にお宮形霊柩車が普及して以降、野辺送りの葬列は見られなくなりました。しかし、それも昔の話。昨今、都市部では、従来のお宮型霊柩車の通行が嫌われるようになり、民間の葬儀式場ではお宮型を控え、洋型車が増える傾向にあります。

お宮型（白木・塗り仕上げ）・洋型車・バン型

霊柩車の種類

○お宮型
乗用車の後部にお宮を載せた、従来のタイプの霊柩車です。お宮型の場合、お宮部分が白木か塗り仕上げかで価格が変わります。

○洋型車
黒塗りの高級乗用車などをベースにしており、ひつぎを載せる荷台部分に布張りがされています。近年希望される方が増えているタイプです。

○バン型
病院で亡くなった人を取りあえず自宅までお送りする際などに使われるものです。こちらは「寝台車」とも呼ばれ、昨今の小規模葬儀では、このタイプが霊柩車として使われることもあります。

16 内容～戒名の希望～

戒名とは仏弟子になった証しとして頂く名前のこと。仏教の宗派によって法名、法号と呼ばれることもあります。現在は、ご本人が亡くなってから、ご遺族が菩提寺から頂くことがほとんどですが、読経のお布施と重なり高額な出費となることから、生前に戒名を頂かれる方もいます。

戒名を付けてほしい・生前戒名がある・戒名はいらない

（生前戒名の名前）

戒名のあれこれ

○戒名の位とは
戒名の位は、本来、日頃の寺院に対する功績によって決まるものでした。しかし最近は、寺院との関係が希薄になり、位だけが一人歩きしています。宗派によって異なりますが、男性なら信士《しんし》、居士《こじ》、大居士《だいこじ》、女性なら信女《しんにょ》、大姉《だいし》、清大姉《せいだいし》の順に位が上がり、院号や院殿号が付くとさらにランクが上がります。

○戒名料はいくら
地域や寺院によって大きく異なりますが、「信士・信女」で20万～30万円、「居士・大姉」で30万～50万円、「院号」で50万～100万円ともいわれています。お布施に決まった額などないはずですから、本来は戒名料という表現は不適切です。お布施の額は、菩提寺との付き合いの程度によっても異なるので、菩提寺に率直にお尋ねするのがよいでしょう。

○生前戒名を頂くときの注意
菩提寺以外から戒名を頂くと、菩提寺への納骨をお断りされるケースがあります。新たに戒名を付け直すことになるなど、かえってご遺族の負担が増えかねないので注意しましょう。

17 内容～供花の希望～

ご自分の好きなお花に囲まれて最後のお別れをしたいと希望を残すのはいかがでしょうか。故人の希望や、故人らしさをお葬式に反映することで、残されたご家族も大きな安心を得られるようです。お花の力はとても大きいので、その力にすがってみるのもよいかもしれません。

供花を受ける・辞退したい

指定したい花がある・ない

（供花に希望する花の名前）

供花のあれこれ

○供花を好きな花にそろえて
最近は、供花について、あらかじめ花屋と交渉し、祭壇の脇の供花を統一したスタイルで整えるケースが増えています。従来の菊を中心にした和花スタイルから、菊の花を用いない洋花スタイル、そのほかにも、花の色を同系色にそろえる、白い花だけにするなどの方法もあります。キリスト教式の献花式ではカーネーションがよく用いられますが、決まりではありませんので、白いバラやユリなどを希望することもできるでしょう。献花の際には、お花を一度手にするので、故人の選んだお花とあれば、ますます感動的なシーンとなるでしょう。

○辞退するという考え方も
会葬者にできるだけ負担をかけたくないという考えから、「香典や供花を辞退したい」と希望を残すこともできます。その際は、「お香典・供花をご辞退いたします」という表現でお断りすることになります。新聞の訃報欄などで見掛けたことがあるかもしれません。

18 内容～香典・香典返しの希望～

香典の目的は、故人に対する供物であるとともに、ご家族を亡くされたご遺族への支援にあります。香典を辞退するという選択肢もありますが、頂いた香典でお葬式を支えることは、決して悪いことではありません。昨今は、香典を寄付したいと希望される方も見られます。

香典を受ける・辞退したい

香典返しの希望（希望の品、希望する寄付先など）

香典を受け取る？ or 辞退する？

お葬式の直後、ご遺族は納骨や位牌《いはい》の準備、保険や金融機関の手続きなどに奔走すると同時に、香典返しの手配も進めなくてはなりません。参列者が多いと、その作業はますます煩雑になります。

そこで、故人がお葬式の資金を残している場合には、ご家族に面倒をかけないよう香典を辞退するという考え方があります。その場合には、「故人の遺志によりお香典の儀は固くご辞退申し上げます」という表現を用いて香典をお断りします。

ただし、弔問や会葬を受けたり、香典を頂いてその返礼を考えることは、ご家族が新しい生活をスタートさせるのに必要なお付き合いなのかもしれません。精神的な苦痛から立ち直るためにも、葬儀後にするべきことがあるのはよいことだともいえます。無理にご家族の役目を制限させる必要はないのではないでしょうか。

また家族葬では、当然ながら香典を頂く機会が極端に少なくなります。経済的な理由だけで家族葬を希望された場合、全体として安価なお葬式にはなっても、ご家族の金銭的な負担はむしろ大きくなることも考えられます。香典にはそれほど大きな効果があると覚えておきましょう。

香典返しの豆知識

○香典返し
四十九日の法要を無事に終えて納骨した報告と、お通夜やお葬式で頂いた香典のお礼を兼ねて行います。かつては、お礼のあいさつにふさわしい品物を携えてご自宅に伺うなど、時間も手間もかかることでしたが、百貨店や宅配便の普及により、早ければ納骨の当日に香典返しのお届けを完了させるケースも増えました。香典返しの額は、香典の三分の一から半分程度が一般的で、直接お渡しする場合以外は、お礼状を添えるのがマナーとなっています。

○香典の寄付
お葬式にかかった接待費などを香典でまかなった残りを、ご自分とゆかりのある公益団体に寄付したいなどと希望を残す方法があります。寄付先には、ユニセフなどの基金、交通事故被害に関する団体、医療研究団体、環境支援団体などがあります。香典を寄付された場合、寄付先の団体から、香典返しに代わって寄付をされた旨を記したあいさつ状を頂ける場合もあります。そちらを、お礼状としてお送りしてもよいでしょう。

19 内容～会葬御礼の希望～

より自分らしいお別れをしたい方は、会葬御礼品を自ら選び、自らの言葉で会葬御礼の礼状を書いて、その品を選んだ経緯などを記されるのはいかがでしょうか。定型文の礼状とは違い、会葬者に、あなたの存在を感じていただけるに違いありません。

会葬御礼品に希望する品

（選んだ理由）

会葬礼状を自分で書きたい・家族に任せる

（会葬礼状の文面）

自分で書く会葬礼状の見本

○男性の場合

私○○は○○の発病以来　皆様に支えられながら闘病生活を続けてまいりましたが　このたび天国に旅立つことになりました

仕事人間だった私としては　闘病生活中の皆様のお心遣いを通して　人生で大切なものとは何かを気付かされた思いでした

生前中に賜りました皆様の格別なご芳情にお礼を差し上げたく　ささやかながら○○を用意いたしました

本日は　ご多忙の折にもかかわらず葬儀に参列くださり　ありがとうございました

○女性の場合

今日は　私○○のお別れ会に来てくれてありがとうございます

振り返ればあっという間の人生でしたが好きなことをして　好きな仲間に囲まれて幸せな人生でした

中でも皆様との出会いは　私の人生最高の宝物です

最後になりましたが　私のとっておきの○○を　感謝の気持ちを込めてプレゼントしたいと思います

あちらの世界から皆様の喜ぶ顔を見届けたいと思います

お元気で

会葬御礼の豆知識

○会葬御礼品の定番

かつては塩とハンカチが定番でした。塩はお葬式から帰って自宅の玄関で清め塩として用い、ハンカチは塩に触れた手や衣服を払うためのものでした。塩をぬぐうことが目的なので、当然高価なものではなく、白色で装飾のないものが一般的でした。最近は、お茶、のり、砂糖などの従来品に加え、ブランドハンカチ、梅干し、コーヒー、紅茶、クッキーなどの焼き菓子もよく見受けられるようになりました。品質のよいお茶も、無難で根強い人気があります。

○即日香典返し（即礼）

最近では、会葬御礼と香典返しを兼ねた即日香典返し（即礼）という方法が取られることがあります。全員に一つの品でお返しをし、高額の香典を頂いた方には差額分の品を後から発送するというものです。こうした手法は、香典返し本来の納骨の報告やお礼の意味から、遅滞なく品物を返すことのほうに考えがシフトされたことの表れかもしれません。その善しあしはともあれ、ご遺族はより早く日常生活に返ることができ、送料分のコストが軽減されるメリットもあります。

お葬式費用の試算手順

お葬式の希望に関する内容をおおよそ押さえたところで、お葬式費用を試算してみましょう。葬儀社から見積をもらい、それを基に右の表を使ってご自分で予算を組み立ててみてもよいでしょう。

1 参列者の人数を想定する

A 家族・親戚の人数を数える

葬儀費用というと祭壇料金から入りがちですが、実は参列者の人数を数えるのが先です。この人数とは、結婚式のように自分で決められるものではないので、できるだけ多めに見積もっておきましょう。その方の葬儀に自分は参列すると思う場合、同じようにお越しいただけると考えて、その方の伴侶も忘れずに人数に加えましょう。

B 弔問客・会葬者の人数を数える

次に知人・友人や仕事関係者からなる弔問客・会葬者の人数を数えます。最近関係者のお葬式があった場合、そこに集まった人数を参考にしてもよいでしょう。訃報は想定を超えて広がることが多く、できるだけ多めに見積もるのがコツです。あらかじめ訃報を伝えない「密葬」、訃報を限定した「家族葬」などは、結果として経費を抑えるということにもなります。

2 葬儀関係費用を決める

想定人数が出たら式場を選択します。式場は地理的な要素も大切ですが、想定人数に合った施設、そしてご親族が着席して列席が可能なスペースを確保するとよいでしょう。自宅で葬儀を行う場合、式場使用料は発生しません。しかし、テントなどの設営費が掛かる場合もありますので、注意が必要です。最後に、希望に添った葬儀セットの金額を書き込みましょう。

3 飲食接待費用を決める

飲食接待も想定人数に合わせて用意します。通夜料理や返礼品など意外に接待費が大きいことに気付くでしょう。ここでの工夫が経費を抑えるコツになります。料理のランクや返礼品の価格など、何にこだわるのかをあらかじめ決めておくとよいでしょう。すべてにおいて満足のいく選択をすると、費用もふくらみます。

4 火葬関係費用を決める

火葬費用は、通常、どなたでも同じだけ掛かると考えてよいでしょう。ただ、公営の火葬場は市民価格が設定されているため、何らかの理由で居住地以外で火葬をする場合、市民外価格となって料金が高くなることがあります。また、東京都には公営火葬場と民間火葬場があり、それぞれランクと火葬料が異なります。お住まいの地域の事情を調べておく必要があるでしょう。

5 その他の費用を決める

宗教者に対するお礼などの費用で、仏式葬儀であればお布施ということになります。日本消費者協会によると「遺族が葬儀で最も困ったこと」は「心付け・お布施の額」だそうです。菩提寺とお付き合いがあれば、料金を直接伺っておくとよいでしょう。また、戒名の位によっても金額が変わるとされますので、先祖代々の戒名の位について事前に確認しておくとよいでしょう。

お葬式費用試算表

葬儀社の見積を参考に、ご自分で予算を組んでみましょう。

想定人数

家族・親戚	人	合計
弔問客・会葬者	人	人

葬儀関係費用

式場使用料		円	小計
葬儀セット	祭壇料金	円	
	運搬／安置	円	
	装飾／設営	円	円

飲食接待費用

		一人当たりの金額	一人当たりの金額×想定人数の金額	
会食費	通夜料理	円／1人	円	小計
	精進落とし	円／1人	円	
返礼品代		円／1人	円	円

火葬関係費用

火葬関係費	火葬料	円	小計
	休憩室使用料	円	
	収骨容器代	円	
車両費	霊柩車代	円	
	マイクロバス・ハイヤー代	円	円

その他の費用

宗教家に掛かる経費	お勤め代	円	小計
	戒名料	円	円

合計金額 円

Memo

遺骨・遺志の章

葬儀後のこと

少し前まで、ご遺骨はお墓に埋葬されることが当たり前と考えられていましたが、近年は、継承者の不在やライフスタイルの多様化によってお墓を持ちにくくなり、埋葬に代わる方法が広く知られるようになりました。その方法の一つは散骨です。海に散骨する海洋葬、陸に散骨して墓石の代わりに植樹をする樹木葬など、さまざまな方法が取られるようになりました。あるいは、ご遺骨を形見のようにして身近に置く手元供養品といわれるアイテムも数多く提案されています。

供養の方法は、どうすればご家族の心の傷が癒されるかという問題と直結します。ですから、あなたの希望を残すというより、エンディングノートを、ご家族に話を切り出す際の取っ掛かりにしていただき、どのような供養がよいのかについては、ご家族とご相談の上で決定されることをお勧めいたします。ご相談の結果をご遺志として記すとよいでしょう。

1 埋葬～お墓の希望～

一般的に、祭祀《さいし》継承者は先祖代々の墓、結婚した女性は嫁ぎ先の家のお墓、それ以外の子はあらためてお墓を求めることが多いです。ご自分の代で新たなお墓を用意する場合は、ご家族と話し合って準備するとよいでしょう。お墓はご家族が長年関わるものですから、ご家族にとって好ましい場所、ご家族の希望を知っておくことが大切です。

しかし、万一ご自分のお墓を用意できなかった場合は、ご家族にお骨を託していくことになります。その際は、ご自分の希望を伝えるというより、ご家族によく相談しておくようにしましょう。

現代では、少子化やライフスタイルの変化に合わせて、お墓も多様化しています。お墓のご用意がまだの方は、この機会にお墓について学んでおきましょう。

埋葬してほしいお墓がある・ない・家族に任せたい

（お墓の場所）

2 埋葬～散骨の希望～

お墓に入れない、入りたくないなどの理由から、近年はお墓を持たずに、散骨を希望される方が増えています。ただ、ご家族がそれに縛られて困る場合もありますので、事前によく調べておくことが大事です。希望される場合は、下調べとご家族との話し合いを済ませておきましょう。

散骨してほしい・してほしくない

希望する散骨方法（海洋葬、樹木葬など）

散骨時の注意

散骨は、91年に、法務省が「節度を守って葬送の一つとして行う限り、遺骨遺棄罪には当たらない」と発表して以降、認められるようになった埋葬方法です。ただし、散骨場所には制限があるので、細心の注意が必要です。

ご遺骨は、そのままの状態で散骨することはできません。海洋葬なら、２ミリ以下の粒子まで細かくすることが必要とされます。粉骨すると、粉骨前のおよそ十分の一の量になり、海に解けるかのように自然に返ることができます。

また、すべてのお骨を散骨してしまうと、後で後悔されるご遺族もいらっしゃることから、お骨の一部を手元に残され、手元供養を併用されるケースもあります。

3 埋葬～分骨の希望～

分骨とは、火葬後あるいは納骨後のご遺骨を分けてほかのお墓に埋葬することをいいます。これに対して、お骨をすべて別のお墓に移すことを改葬といいます。都会に移住してお墓が遠いために新たなお墓を建立したケースや、散骨を希望する際などに行われることが多いです。

分骨の具体的な内容

（お墓の場所）

分骨時の注意

○手続きが必要
お骨は勝手に移動することはできません。二つのお墓に分骨して埋葬する場合には、火葬場か納骨時の霊園にて分骨を行い、そこで分骨証明書をもらって新たな納骨先に提出し、納骨が可能になります。ただし、新たな納骨先に納骨を断られるケースもあるので、じっくり検討した上で希望を記しましょう。
○本当に分骨が必要なのか
分骨は本当に必要なのでしょうか。手元供養のためなら分骨するほどのお骨は必要なく、遺髪や形見でも足りるのではありませんか。一時的な感情で分骨の希望を残すと、お骨を持つ方の死後にお骨の行く先に困り、お骨が粗末に扱われることになりかねません。
○納骨先はあるのか
まれに、本家や菩提寺が分骨を指導することもあります。菩提寺のお墓と自宅とに分けて供養するためや、ご本家のお墓に分骨を埋葬するためといったケースです。しかし、分骨はしたものの納骨先がはっきりせず、同じお墓に二度供養する手間を取られることもあるようなので、分骨を指示されたら納骨先もきちんと確認しておきましょう。

4 供養・法要の希望

仏壇の形式や法要に呼んでほしい人、費用のこと、仕出し料理の希望など、供養や法要について希望のある方はここに書いておきましょう。近年、お墓を持たない方、あるいはお骨を手元に置いておきたい方が増え、手元供養というものも注目されています。

仏壇の希望

法要の希望

法要に呼んでほしい人

遺骨の手元供養

もともと日本には、形見分けという故人がしのばれるものを身近に置く文化があるので、お骨そのものを手元に置きたい、あるいは置いてもらいたいという希望は今後も増えていくのでしょう。

とはいえ、お骨にこだわる必要があるのかはよく考えたほうがよいです。遺髪でも十分という考え方もあります。

お骨の手元供養はご遺族に負担が掛かるので、ご自分の考えだけでご遺志を残すことはお勧めしません。しかし、ご家族の中には、手元供養を必要とする方もいらっしゃるかもしれないので、ご家族との話し合いの上で、「私はこのような形で一緒にいたい」という気持ちを込めて、空の手元供養品をプレゼントするのがよいかもしれません。

埋葬方法のあれこれ

故郷から離れてお墓から遠のいた、お墓の継承者がいないなどの理由から、近年埋葬や供養の選択肢が急激に増えています。ご家族のライフスタイルを考えたときに、どのような形が望ましいのか、ご家族と話し合ってみましょう。

日本の火葬率は99％

キリスト教信者が多い場合など土葬を主流とする国もありますが、日本ではほとんどのご遺体が火葬にされ、火葬率は約99％にも上ります。ちなみに東京都では、墓地埋葬に関する条例によって土葬が禁じられています。土葬を行っている地域も、ほとんどのケースは火葬施設がないか乏しく、火葬にするのが困難であるため、やむなく行っているものです。

＜一般的な火葬手順＞

1 火葬場で荼毘《だび》に付された後、「骨上げ」といって、ご親族がご遺骨をはしで拾い上げて骨つぼに収めます。
（※東日本と西日本では骨上げの習慣に違いがあります。東日本ではご遺骨をすべて拾うため骨つぼが大きく、西日本ではご遺骨の一部を拾うため小型。骨つぼに入り切らないお骨は火葬場でまとめて供養されます。）

2 骨つぼはご自宅に安置されるか寺院に預けられ、四十九日を目安にお墓に納められます。

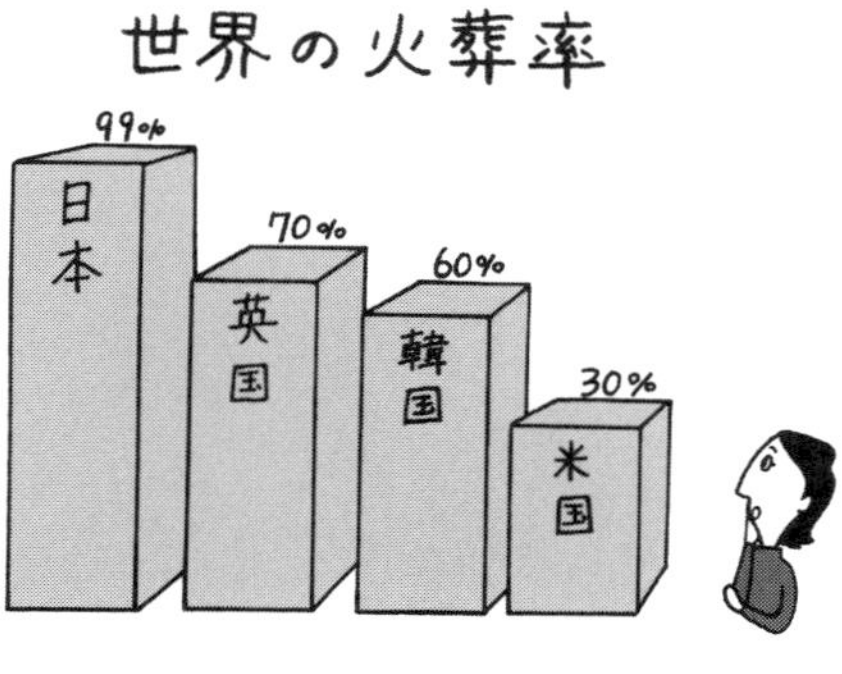

継承者のいらないお墓とは

○納骨堂：遺骨を安置する屋内施設。直接お参りできるものから、お堂の前に立つと遺骨が運ばれてくる最新技術のお墓もあります。掃除がいらないなどメリットもありますが、自分たちのスペースではないので、お花や供え物を自由に置けないこともあります。特に都市部近郊は墓地のスペースが限られるため、納骨堂が増えています。

○永代供養墓：単身者やお子さまがいないなど、お墓の継承者がいない方のためのお墓。個人で入る「個人墓」、夫婦で入る「夫婦墓」などがあり、納骨から一定期間の供養が約束されています。永代供養墓といっても永年にわたりそのままの形で供養されるわけではなく、後に合祀になるケースもあるので、お求めの前に確認しましょう。

○合祀《ごうし》墓：合祀とは、個人の区別なく合同で埋葬されること。一度合祀されてしまうと、後からお骨を取り出すことはできません。ご家族がいらっしゃる場合、お墓はご遺族の心の支えにもなりますから、合祀を希望する際は、ご自分だけの判断ではなく、ご家族とよく話し合った上で結論を出す必要があるでしょう。

最近増えている自然葬とは

○海洋葬（海洋散骨）：陸地から一定距離以上離れた海上に散骨します。自分で勝手に行うと海洋不法投棄と取られる心配があるため、必ず専門業者に依頼しましょう。事前の粉骨作業や監督官庁への届け出の代行のほか、散骨場所の地図をくれることもあります。見送りが多い場合はチャーター便、経費を抑えたい場合は散骨の委託という方法もあります。

○樹木葬：ご遺骨を直接、または土に返る骨つぼに入れて埋葬し、好きな苗木を選んで記念植樹を行うものです。墓石は置かず、目印などを立てて樹木にお参りします。陸地では散骨できる場所が限られるので注意が必要です。法律上、他人の所有地はもちろん自分の土地でも散骨はできません。墓地として認可されている里山などで行うことになるでしょう。

○空中葬（空中散骨）・宇宙葬：空中葬ではヘリコプターから空中にご遺骨をまきます。宇宙葬ではご遺骨を小さなカプセルに入れて宇宙空間に飛ばします。宇宙葬は97年から始まり、100万円ほどの費用が掛かります。

バラエティー豊かな手元供養品

○自宅保管用の骨つぼ：小さなお骨やパウダー状のお骨を入れて自宅に置くタイプ。ガラスや真ちゅうなどの素材でできた小さな骨つぼ、ボトル状、オブジェ風、装飾が施されたものなど、見た目にも美しくインテリアにマッチするタイプもあります。

○お骨を加工したオブジェ：お骨そのものを加工するタイプ。ガラスにパウダー状のお骨を封じ込めたオブジェや、セラミック加工のプレートなどがあります。

○納骨用アクセサリー：お骨を身に付けるタイプで、最も手軽な手元供養品の一つ。ロケット型のペンダントヘッドに、小さなお骨や遺髪を入れます。カロートペンダント、アッシュペンダントなどと名付けられています。

○お骨を加工したアクセサリー：加工したお骨を身に付けるタイプ。粉砕したお骨から人造石を作ったり、お骨から抽出した炭素でダイヤモンドを作り、ペンダントや指輪、数珠などに加工します。

○背中にカプセルを仕込んだテディベア：背中のカプセルにお骨や遺髪、写真などをしまいます。抱きしめたりできるので、小さなお子さまのために用意するケースもあります。

Memo

メッセージの章

大切な人へのラストラブレター

エンディングノートの最後を締めくくるのは、大切な人へのメッセージです。多くのエンディングノートがそのように構成されています。

万が一、あなたが急にこの世からいなくなったとき、ご家族はどれほど心を痛めるでしょうか。そんなときにご家族にとって支えになるのが、あなたの残した言葉です。人はいつ、どのような形で亡くなるか分かりません。ですから、自分が亡くなったときのことを考えて、今からメッセージを残しておくことをお勧めします。時がたち、内容を書き換えたくなったときには、いつでも書き換えたらいいのですから。

「大切な人と出会えた喜びと感謝」

エンディングノートは、そんなメッセージを添えることで、最愛の人へのラストラブレターとして完成します。あなたの深い愛情の詰まったメッセージで、あなたのエンディングノートの最後のページを飾ってください。

1 パートナーへ

これまで励まし合い、ときにはけんかもしながら、かけがえのない関係を築いてきた二人。いつかお一人になる日が来たときに、残された方に元気を与えられる言葉を選びながら記しましょう。また、一番近くにいる存在だからこそ、なかなか言えなかった感謝の気持ちを伝えましょう。

メッセージを考える際のヒント

・出会った当初に思ったこと
・共に苦労した思い出
・共に喜んだ思い出
・一番謝りたいこと
・一番感謝していること
・一番伝えたいこと
・自分の死後どのように生きてほしいか
・今の自分の気持ち

2 両親へ

ご両親に対しては、甘えから感謝の言葉が足りなかったということはありませんか。この機会に、「あなたの子どもでよかった」と伝えてみてはいかがでしょうか。ご両親を残していく不安など、そんな思いも一緒に記してみてください。

メッセージを考える際のヒント

- 子どものころに抱いていた親への思い
- 今だから分かる親への感謝
- 親との一番の思い出
- 親に謝りたいこと
- 親から学んだこと
- 自分がいなくなってからの心配
- 自分の死後どのように生きてほしいか
- 今の自分の気持ち

3 子どもたち・孫たちへ

親が子や孫より先に逝くのは、当然の順序なので、気丈に受け止めてほしいことでもあります。あなたを亡くしたときのお子さまやお孫さまの心の傷が早く癒やされるようにと願いながら、それぞれの名前を書いてメッセージを残してあげてください。

メッセージを考える際のヒント

- 子ども・孫への愛情
- 子ども・孫との思い出
- 子ども・孫への期待
- 子ども・孫への励ましの言葉
- 子ども・孫に感謝していること
- 自分がいなくなってからの心配
- 自分の死後どのように生きてほしいか
- 今の自分の気持ち

3 子どもたち・孫たちへ

Memo

4 大切な人へ

ご家族以外にも、あなたにとって大切な人はいませんか。恩師や尊敬する方、一生の友人や仲間、お世話になった方など、あなたの人生でかけがえのない存在となる方に感謝の気持ちを残しましょう。ペットを託す相手が決まっている場合は、その方にもメッセージを書きましょう。

メッセージを考える際のヒント

・恩師に対する感謝の気持ち
・尊敬する方への感謝の気持ち
・親友に対する感謝の気持ち
・仲間たちとの思い出や感謝の気持ち
・お世話になった方への感謝の気持ち
・ペットへの愛情
・ペットを残していくことへの不安
・その方にペットを託した理由

4 大切な人へ

Memo

親族の住所録 ①

続柄	氏名（フリガナ）	生年月日／命日	連絡先	住所	備考（形見分けしたい品など）
配偶者					

続柄	氏名（フリガナ）	生年月日／命日	連絡先	住所	備考（形見分けしたい品など）

親族の住所録 ②

続柄	氏名（フリガナ）	生年月日／命日	連絡先	住所	備考（形見分けしたい品など）

続柄	氏名（フリガナ）	生年月日／命日	連絡先	住所	備考（形見分けしたい品など）

友人知人・仕事関係者などの住所録 ①

氏名（フリガナ）	関係・勤務先	連絡先	住所	備考（形見分けしたい品など）

氏名（フリガナ）	関係・勤務先	連絡先	住所	備考（形見分けしたい品など）

友人知人・仕事関係者などの住所録 ②

氏名（フリガナ）	関係・勤務先	連絡先	住所	備考（形見分けしたい品など）

氏名（フリガナ）	関係・勤務先	連絡先	住所	備考（形見分けしたい品など）

最後に

あなたのベストショットや思い出の写真をはりましょう。遺影にこだわる必要はありません。そして、あなたがエンディングノートを書こうと思った理由を記し、時々振り返って、ノート作成のモチベーションを高めましょう。書き終えた感想や最初に読む人へのメッセージを書いてもよいでしょう。

ここに写真をはりましょう

ノートを書き始めた日　　　　年　　　月　　　日